唐启华，1955 年生于台湾基隆。东海大学历史学系学士、硕士，伦敦政经学院（LSE）国际关系史系（Dept. of International History）博士。曾任中兴大学、政治大学、东海大学历史学系教授、系主任，复旦大学历史学系特聘教授，台湾中国近代史学会理事长，台湾中国历史学会理事长。研究领域为近代中国外交史，主要学术著作有《北京政府与国际联盟（1919—1928）》《被废除不平等条约遮蔽的北洋修约史（1912—1928）》《巴黎和会与中国外交》《洪宪帝制外交》《陆征祥评传》等专书，及期刊论文数十篇。

什么是外交史

唐启华

著

图书在版编目（CIP）数据

什么是外交史/唐启华著. —北京：生活·读书
·新知三联书店，2025.6. —（乐道文库）. —ISBN
978-7-108-08070-7

Ⅰ. D829

中国国家版本馆 CIP 数据核字第 20255VJ998 号

责任编辑　王婧娅
特约编辑　周　颖
封面设计　崔欣晔
责任印制　洪江龙
出版发行　**生活·讀書·新知 三联书店**
　　　　　（北京市东城区美术馆东街 22 号）
邮　　编　100010
印　　刷　上海雅昌艺术印刷有限公司
版　　次　2025 年 6 月第 1 版
　　　　　2025 年 6 月第 1 次印刷
开　　本　889 毫米×1092 毫米　1/32　印张　8
字　　数　185 千字
定　　价　62.00 元

目　录

自　序

　　什么是外交史？这个问题很不容易回答，吃力不讨好，但必须要有人来做。

　　1980 年代中后期笔者在伦敦政治经济学院（LSE）读博时，英国 *History Today* 期刊广邀英美历史学各领域知名学者，撰写简短的 "What is ... history?"，连续十多期分各主题刊出，最后结集成了 *What is History Today* 专书，景况颇似今日 "乐道文库" 的做法。其中就有 "What is diplomatic history" 一章，笔者对于外交史的主要基本观点，受此章内容的启发甚多。将近四十年后受 "乐道文库" 主编之命，书写同样这个题目，感慨万千。

　　外交史原是一门西方式的学科，与近代西方实证历史学源头的 "兰克史学" 关系密切，也与欧美主导全球秩序的兴衰同起伏。传入中国时，正逢瓜分危机、维新与革命竞争的高潮，中国外交史一方面有理解近代中外关系的科学史学启蒙倾向，另一方面具有强烈的革命、民族主义宣传的救亡关怀，两条发展路径与中国的内忧外患交错并行。

　　一百多年后的今日，西方霸权似乎日益衰退，中国和平崛起，此时应是盘整、省思中国外交史研究的恰当时机。笔者不揣简陋，谨提出三十多年教学研究的一些想法，希望能抛砖引玉引发讨论，并提供作年轻学子投身此学科的借鉴。

外交史学科发展问题比较复杂，时空跨度都太大，迄今中文学界严重欠缺较全面的相关讨论，笔者只能凭借有限的理解，在个人目力所见范围，以少数人物作为论述例证，必然挂一漏万，偏颇武断之处实多，尚请方家学者不吝指正。此外，中国"外交史"与"近代史"在20世纪中密切相关，很难清楚分割，笔者往往不得不混括处理；加以此书主要供年轻学子入门参考，篇幅有限，对复杂学理、流派争议等只能做基本简介，难免含混粗疏，也请读者诸君一并鉴谅。

本书并非原创性专著，系以笔者依个人理解形成架构，辑录剪裁相关中外著作，参以笔者个人见解杂糅而成，大部分内容参考引用前贤的论著及观点，不敢掠美，已注意标明出处，倘有遗漏，还请不吝告知补正为感。当然，书中的任何问题，文责皆由笔者自负。

2024 年 7 月 25 日

第一章

导论：什么是外交史

"外交史"(diplomatic history)一词与"外交"(diplomacy)密切相关。"外交"是近代西方的概念,比较常被引用的定义,为英国外交官萨道义(Ernest Satow,1843—1929)所称:"外交是运用智力和机智处理各独立国家的政府之间的官方关系,有时也推广到独立国家和附庸国家之间的关系。或者更简单地说,是指以和平手段处理国与国之间的事务。"① 以及《大英百科全书》之定义:"通过对话、谈判和除战争或暴力之外的其他措施影响外国政府和人民的决定和行为的方法。"简言之,"外交"基本上是指:为维护本国利益,运用非暴力手段与他国进行交流的方式。

一、 近代西方外交制度的建立

以常驻外交使节作为外交事务的实践者,是中世纪晚

---

① Sir Ernest Satow, *A Guide to Diplomatic Practice*, London: Longmans, 1917. 中译本见:萨道义:《萨道义外交实践指南》(第五版),上海:上海译文出版社,1984,第 3 页。

期在意大利逐渐形成的，当时以罗马教廷的外交体系最为完善，经常派遣使节在外交舞台上应对国家间的博弈，处理复杂且微妙的关系，为近代早期国家之间常驻外交使节的形成提供了借鉴。此外，日益繁多的外交事务和动荡不安的国际局势，迫使君主们必须派遣特定的使节常驻他国，以便掌握别国的最新动态，从而采取有利于保障本国安全和利益的措施，外交制度逐渐走向专业化。

天主教会分裂期间（1378—1417），教宗国在意大利的影响力衰落，世俗城邦崛起，米兰与威尼斯两大邦的冲突导致社会动荡不安。文艺复兴时期，意大利各城邦间开始互派外交使节，15世纪中叶"常驻大使"已在各城邦间普遍设立。15世纪末，常驻外交使节制度逐渐被欧洲各国采用，同时各国也开始设立专门处理外交事务的部门。

通过常驻使节代表国家在国际舞台上展现独立和权威、维护国家利益、规范外交往来、签署国际条约等，在国际关系中逐渐确立了国家的主权地位，展现了新的国际关系，西欧各国逐渐以本国利益为主要考量，以罗马教廷为中心的"基督教国度体系"日益衰微。

近代外交成熟的标志是1648年《威斯特伐利亚条约》（*Treaty of Westphalia*）的签订。学界一般认为"威斯特伐利亚体系"有以下几个特征：

1. 开创了以国际会议解决国际争端的先例。

2. 划定了欧陆各国的国界，确立国家主权、领土、独立等原则成为国际关系中应该遵循的准则。

3. 创立并确认"条约必须遵守"以及对违约一方的集体制裁原则。

4. 承认新教、天主教享有同等权力，打破罗马教皇神权统治的世界主权论。

5. 欧洲开始确立常驻外交代表机构制度，进行外事活动。

这些外交原则的逻辑和中心思想一直沿袭到今天。

1648—1815 年间，各国常驻外交使节的数量大幅增加，近代西方国家主权和国际关系的发展进入新的阶段。常驻外交使节作为国家之间交往的正式代表，具有明确的身份、权力和特权，他们在外交事务中扮演着交涉、签署条约、传递信息和获取情报等重要的角色，使国家之间的关系得以深入和拓展，也使外交权力集中和职业化，提高了效率和专业性，维护国家的利益和形象。[①]

"外交"原来主要指西方近代"主权国家"间，依据西方国际法惯例、基督教传统的往来，随着西欧各国不断向外扩张，国际家庭（Family of Nations）由《威斯特伐利亚条约》签约国，渐渐扩及整个西欧，18 世纪又涵盖了俄罗斯及美国。19 世纪将非基督教的奥斯曼土耳其帝国纳入，并与以中国为中心的远东世界秩序接触，将全球联为一体。[②]

---

① 以上数段参见谢斯杰、蔡文婕：《西方驻外使节制度的形成》，《经济社会史评论》，2023 年第 4 期。
② 参见徐中约（Immanuel C. Y. Hsü），*China's Entrance into the Family of Nations: The Diplomatic Phase, 1858 – 1880*，Cambridge Mass.：Harvard University Press, 1960, p. 209。

二、 什么是外交史

"外交史"是西方发展出来的学科，英、美学界的定义与讨论可供参考。1980 年代中期，英国 *History Today* 期刊编辑出版了 *What is History Today* 专书，其中 "What is diplomatic history" 一章，邀请了九位英、美学者撰稿。① 该章抬头写道：

> 外交史是什么？是一个官员对另一个官员说了什么的记录吗？是人们认为他们在做什么的历史吗？是使团成员之间的谈资吗？是国家间关系的历史吗？是那些促成战争与和平的决定的故事吗？外交史究竟是什么呢？

九位学者的回答分别是：

---

① Juliet Gardiner ed., *What is History Today...?*, London, Macmillan, 1988, pp. 131-142. 纸本书只刊出前五位学者的文章，后来网络版 https://www.historytoday.com/archive/what-diplomatic-history 则放上全部九篇文章。九位学者是：D. C. Watt is Professor of International History, University of London; Simon Adams is Lecturer in History in the University of Strathclyde; Roger Bullen is Senior Lecturer of International History, LSE; Kinley Brauer is Professor of History at the University of Minnesoda; Akira Iriye is Professor of American Diplomatic History and International History at the University of Chicago; Alan Palmer is the author of *The Chancelleries of Europe* (Alan and Unwin, 1983); D. Stevenson is Lecturer of International History, LSE; Kathleen Burk is Lecturer in History and Politics at Imperial College, London; Christopher Throne is Professor of International Relations of University of Sussex。

D. C. Watt："国际关系史（International History）即民族国家之间关系的历史。"

Simon Adams："外交史在最基本的层面上，可以被描述为分析国家之间的关系，研究者使用外交档案（条约、大使报告、谈判记录、政策备忘录等）进行研究。"

Roger Bullen："关于这个问题的简短回答是，外交史不再存在了。几十年来，外交史一直被纳入更广泛的国际关系史框架中，本文讨论外交史如何以及出于什么原因成了国际关系史。"

Kinley Brauer："外交史关注各国政府间的关系，外交政策由训练有素和国际化的外交事务精英制定和实施，外交史为国内发展、比较历史以及国际和平与冲突的研究提供了基础。外交史不仅需要对国际环境中的多个而非单个参与者进行认真的审视，优秀的外交史研究可以丰富一个人对所有历史性质的理解，从而帮助剖析许多其他历史领域。"

Akira Iriye："外交史是最古老的历史领域之一，现代历史学意义上的'兰克派'（Rankean）一词，最初就是强调历史学家对外交档案的详尽研究。从那时起，外交史的研究方法就是多种多样的，但它保留了一个区别于其他领域的特点：它涵盖了不止一个国家的历史，因为没有外交就没有外交史，如果没有多个国家就没有外交可言。因此，外交史是研究国家间关系的历史。"

Alan Palmer："传统外交史是对国家间关系经由谈判

的有序行为之研究。"

D. Stevenson："外交史最明显的答案就是外交的历史，但是在大学中这门课程的内容更好地被形容为国际政治史，即国家之间关系的历史。"

Kathleen Burk："以前英国的外交史就是那种几乎全部由官方记录写成的历史，完全是出身于专业及上层阶级的外交官的正式活动。在美国，传统外交史也是同样狭隘的定义，只有一个不同点：美国历史学者一向更加注重舆论。即使如此，除了因政治分赃制度而来的大使们，职业外交官如同英国都选自狭隘的上层阶级，直到最近外交史家在研究个案时，才逐渐把狭隘的史料之网打开了一些。"

Christopher Throne："我发现'外交史'这一观念过度拘束了。'外交史'这名词仍然被广泛使用，尤其在美国指称一大堆大学的课程，在英国更可能置于'国际关系史'之下。我相信在多数情况下，前面这个名称早就该抛弃了，可改称为'对外关系'（foreign relations），由于大部分相关课程反映了美国在这个领域研究中主导的地域主义，关心美国与这个或那个国家或地区的关系，这个名词已使用于美国出版的外交文书中（指 FRUS）。"

综上所述，在 1980 年代中期，英、美"外交史"的定义大体可分两类。狭义的指：外交史是最古老的历史领域之一，最初是指历史学家对外交档案的详尽研究，最早的外交史就是那种几乎全部由官方记录写成的历史，研究出身上层阶级的外交官的正式活动。外交史与其他历史学领域相比，最大的特点是它涵盖了不止一个国家的历史。外交史研究一国外交政策的形成与执行，分析近代西方式民族国家之间，政治家、外交官的往来、谈判的历程。广义的外交史则逐渐转向"国际关系史"，注重多国间的关系，政治、外交之外的经济、贸易、民间往来、文化交流等活动，在美国常称之为"对外关系"。

三、 什么是中国外交史

传统中国"外交"一词指：1. 国交：国家间的平等往来，如《国语·晋语》："乃厚其外交而勉之。"2. 个人与外国人之交际往来：如《礼记》："为人臣者，无外交，不敢贰君也。"3. 个人间交际往来。春秋战国时代，周天子衰，诸侯间推举盟主领导尊王攘夷，当时所谓会盟、合纵连横、折冲樽俎，"两国交兵、不斩来使"，说的就是古代外交。春秋会盟为一平等外交，战国时期类似的交涉更多。

秦汉统一后至鸦片战争前，中国雄踞东亚自成一天下，绵延有序的大一统王朝，常以天朝之尊居于众藩属之上，周边各国必须用中国的方式与天朝往来，这种做法常被称为"朝贡体系""宗藩关系"，中国强盛时对藩属基本只有"剿""抚"二法，平等与外族交涉的时间很短，只有西汉对匈奴，南北朝之间，宋对辽、金等之往来，近于今日之外交，故中国正史体裁中与外国之事只有蛮夷传、西域传、外国传等之记载，并无外交的概念。

近代中国外交史之性质，系受西方人东来强迫开始的，基本居于被动地位。早期如 13 世纪马可·波罗来华、15 世纪初郑和下西洋（印度洋）等，中西来往很不稳定，而且常常不平等。西方国家地理大发现后，葡萄牙人为争夺意大利城邦垄断之香料贸易，并为教皇服务扩张天主教之地盘，1516 年东来广州贸易。自"海通"之后，西方人到中国者越来越多，17 世纪西班牙人、荷兰人要求通商，英国东印度公司也获得广州专利贸易特权，但当时中国官方常视之为贡使。

18 世纪欧洲重商主义兴起，大举向外发展，各专利公司在海外纷纷建立殖民地。1776 年北美十三州独立后，欧洲经济思想转变，多主张自由贸易，英国国会议决解散东印度公司之专利权，开放英国商人东来广州贸易，但受限于中国通商制度，遂有英王派特使马戛尔尼来华交涉之事，但无功而返。直到鸦片战争后，1842 年中英签署《南京条约》，中国被迫逐步接受西方国际交往的方式，与各国签署条约、开埠通商、接受派遣领事及公使，从此才有了西方意义上的外交往来。

中国外交史是个比较年轻的学门，以近代中国受西力冲击，被迫打开门户，进入西方主导的世界体系以来的对外交往历程为主要研究课题。随着清政府屡屡战败，中国面临"亡国灭种"危机，民族意识逐渐萌发，清末民初朝野致力于收回国权、抵御外侮，建构独立自主的主权国家，此后饱经内忧外患，历尽艰辛，逐渐成长为世界大国，外交史研究的性质也随此历程有相应的演变。

　　早期中国外交史研究主要的诠释理论、问题意识、研究方法等学科基础，受西方及苏联的影响比较深，同时有相当强的民族主义、宏大叙事色彩，学术性受到种种制约，研究积累比较薄弱。近三十年来，随着中国整体国力快速成长，国际地位不断上升，中外学界对近代中国与世界的联系互动历程，关切日益增强，中国外交史研究有了比较好的发展。当兹世界走向"后西方"时代，中国外交史很可能会成为一门重要的学科，学界似应贴近自身国情与历史，参照欧美日同行的发展经验，汲取养分，凝聚今后努力的共识。

第二章

西方外交史发展概述

近代国际家庭由西欧发展而来，逐渐扩展到全球，西欧的基督教国家、主权国家、民族国家间交往的国际法，也随之成为全球外交的基本原则。在此背景之下，外交史研究自然以西方意义的主权国家为分析单位，关注国与国之间的关系、各国外交政策的形成等课题。

因为外交史与民族国家间关系密切，常被视为民族史、国家史的重要组成部分。在民族国家兴起、民族主义盛行的时代，国家史基本上就是外交与战争，欧洲各国之间的合纵连横，直接关系到国家兴衰，往往是各国对外政策的核心关怀，因此 19 世纪到 20 世纪中叶的欧洲史家，基本上都是外交史家，当时外交史是显学，被视为"治国术"的一环，是政府官员及外交官的必修课。加以在帝国主义全盛时期，欧洲列强竞逐殖民地争夺宰制全球的地位，外交史研究常被认为是解释强权兴衰的关键学问，价值愈受肯定。

外交史研究基本上利用条约、使节报告、谈判记录、政策备忘录等官方档案，探讨国家之间的关系。欧洲自 16

世纪常驻外交使节出现之后，这些外交文献就是保存得最好的史料之一，自兰克（Leopold von Ranke，1795—1886）强调使用这些一手档案，自信能"如同事实上所发生的那样"重现过去，被认为是近代"科学的"历史学研究的奠基者，外交史也因此成为客观的科学式历史研究的典型之一。

一、 兰克史学与欧洲外交史的兴盛

兰克承继希罗多德、修昔底德以来的传统，将古典史学中的求真精神发展到极致，为历史学的科学化奠定了坚实的基础。1824 年兰克在其处女作《拉丁与条顿民族史（1494—1514）》（*Geschichten der romanischen und germa-nischen Völker: von 1494 bis 1514*）的前言中写道："历史学向来被认为有批判过去、教导现在、以利于将来的职能。对于这样的重任，本书不敢企望，它只不过是说明事情的本来面目而已。"这便是后人津津乐道的"如实直书"的著名宣言。

兰克在该书附录《对近代历史学家的批判》一文中，强调确切的史料对于历史研究的重要性，史料按照来源的不同，可以分为一手史料和二手史料。一手史料主要是指官方档案文献，当事人的书信、回忆录等，基本是可信的、真实的，二手史料则是值得怀疑、需要考证的。他发展出一整套收集、辨别、运用史料的方法，以及由此而形成的一套撰写历史著作的基本原则，如下：

1. 史料批判原则

即通常所说的"外证"与"内证"。"外证"指参比不同国家、地区的相关史料，不同历史学家的相关著作，以及同时代其他相关记录，等等，以确定历史事实。"内证"主要依据史著作者的立场、本身内在的矛盾，结合当时的社会政治文化背景，去辨别其史料价值。兰克非常重视史料的重要性，他认为历史研究的基础与前提就是史料，以至于"这些史料被很严谨地排列在一起，史料所蕴含的历史事实才会自动地展现在我的面前"。

2. "直觉"理解

兰克认为以单个历史事件为依托的史料考证方法，最多只能观察到与单一事件有着时序上的联系，或者有着空间上联系的另一些单个事件。而支配这些单个事件的内在因果关系、最终动因是无法探知的，历史学家还需借用精神的方法，即"直觉"（"感悟""移情"等）的方法来认知。在兰克看来，"历史研究就是将个别与一般结合起来的一种研究"，没有对一般的研究，个别的研究将会变得很贫乏；没有确切的个别研究，对一般的研究又会沦为一种"臆想与虚构"，两者都是"如实直书"的重要组成内容。

3. 客观公正的撰史原则

对真实的追求始终是历史赖以存在的基础，兰克认为在确信无疑的史料基础上，历史学家秉承客观公正的态度来撰写历史，是可以使发生在过去的历史在文字上还原的。

兰克史学有其唯心的一面，他认为，"历史实际上是一种上帝显现的历史"，这种"上帝之手"是兰克史学中最高的精神存在，是所有事物的最终来源。根据兰克的宗教观念，政治事件和精英人物更能体现上帝的意志，故而成为历史著作的主要内容，兰克的史学与政治有着密切的联系，指出"人类历史只有在民族国家的历史当中才能彰显出来"。[①]

然而，在德国以外的国家，常强调兰克史学文献批判的一面，而唯心的一面往往被忽视。如同伊格尔斯（Georg G. Iggers）在《美国与德国历史思想中的兰克形象》一文中指出：在美国占优势的兰克形象和在德国流行的兰克形象根本不同，美国历史学家因为不能够理解兰克历史思想的哲学意义，就把兰克对文献的分析批判和兰克的唯心主义哲学分裂开来，然后把这种批判的方法和讨论班（Seminar）的组织移植到19世纪末美国的思想园地。这样一来，兰克就被几乎所有的美国历史学家尊为"科学派"历史学之父，被认为是只注意于确认事实，特别是在政治和制度领域中的事实的一位非哲学的历史学家。德国历史学家了解兰克思想的唯心主义根源，对他们而言，兰克变成了非哲学的经验主义的对立面。他们深深知道兰克通过对独特的和个别的东西的静观，极力要直觉地掌握历史中

---

① 以上数段参见易兰：《兰克史学研究》，上海：复旦大学出版社，2006。

的"普遍的"观念、趋势。因此，兰克起了两种完全相反的作用：在美国，他被当作一种本质上是实证主义路线的思想始祖；在德国，他却被当作新唯心主义历史学家的一种灵感的源泉，用以反对西欧历史学家所提倡的理性主义和实证主义的历史研究。①

伊格尔斯的高徒王晴佳也指出，兰克的史学志趣在于"民族-国家"的兴起及其互动、国家间的竞争如何影响世界历史的近代走向等课题。后人之所以对兰克产生固化印象，是因为兰克的几位弟子专注于从政治外交史的角度写作国别史领域，他们的研究基本上都是依托档案材料展开的，需要依靠政府所建立的档案馆，因此是纯粹的政治史。他们先后担任《历史杂志》的主编，推广了兰克学派的研究模式，同时也把这样一个模式狭窄化。②

兰克史学传入日本及中国时，也有与美国类似的情形。黄克武云，梁启超所引介的兰克学派史学，受到19世纪下半叶"史学科学化"风潮以及民国初年科学主义的影响，突出其实证主义的面向，亦即兰克作为"科学历史之父"的角色，而忽略其受到历史主义、国家主义及基督教之影响的面向。加以，实证面向的兰克史学与清代考据学有一定程度的契合，更促成兰克"科学史学"的东渐。近代中

① 《美国与德国历史思想中的兰克形象》，伊格尔斯著，何兆武译，《二十世纪的历史学：从科学的客观性到后现代的挑战》，附录，济南：山东大学出版社，2006，第155—156页。
② 王晴佳：《海洋史、作物史的兴起和当代史学的全球性》，澎湃新闻"私家历史"，2024年2月1日。

国其他历史学者在引介兰克史学时，多与梁启超类似，把兰克学派视为实证史学的代表。傅斯年的史学思想中亦有兰克的影子，但是他强调的也是实证的部分，而不是受到德国传统影响的历史主义部分。①

兰克史学奠定了近代西方历史学的专业规范，自 19 世纪下半叶到 20 世纪中叶，在全球历史学界独领风骚。外交史注重"多国档案对照研究法"，探索"民族国家"间的关系，堪称是兰克史学的长女。兰克史学中客观史料批判功夫与直觉唯心的理解分析，原为相辅相成的两根支柱，然而大多数人独重前者，埋下日后外交史研究愈益偏枯的病根。

1648 年《威斯特伐利亚条约》确定了主权原则，承认国家对自己的国内事务拥有至高无上的管辖权，主权国家从此逐渐成为国际关系的主角，也成为外交史研究的自然单位。外交史的根源与民族国家、主权国家及现代史学兴起同步，因此民族主义色彩浓烈，还具有科学史学的种种特色，诸如科学主义、进步史观、线性历史、西方中心、实证史料至上等。随着欧洲列强间的战争与和平、民族主义的兴盛以及帝国主义的全球扩张，加上兰克史学的成长，西方的外交史在 19 世纪出现后迅速发展到巅峰。

---

① 黄克武：《文字奇功：梁启超与中国学术思想的现代诠释》，桂林：广西师范大学出版社，2024，第 219—220 页。杨天宏也有类似的看法，参见氏著：《中国文化中的"形上"与兰克史学中的"虚质"》，《史学月刊》2023 年第 1 期。

当时外交史是对治国方略、国家最高级外交政策行为的研究，是新的"科学历史"中的主力。外交史的实践，伴随着一系列国际条约、以英国官方蓝皮书为始的国家外交文件、普法战争与一战起源文件等的陆续出版而成长。外交史学家认为，历史揭示了君主和政治家的战略，揭示了过去的规律如何用来解释当下，通过查阅国家档案，他们可以解释国家兴衰的秘密。19 世纪外交史学家的强大之处，就在于他们决心对实际发生的事情做出正式的叙述。

19 世纪民族主义在欧洲的胜利，证实了外交史在历史研究中的主导地位，外交史就是一把通往现在的"钥匙"。国家的历史变成了外交和战争的故事，在当时的历史中，国家和城邦被塑造成英雄和恶棍，这些历史研究反映了他们所在时代的冲突，这就是学校中历史教学的内容。在帝国主义时代，欧洲的过去在全球获得了普遍的意义。①

二、 社会经济史的挑战

在一战爆发前的半个世纪里，国家间关系的研究增添了许多新的视角，这些视角来自对欧洲社会、政治和经济秩序的批评者。19 世纪末，随着欧洲社会经济出现种种问题，认为社会经济力量是推进历史发展的重要原因这一观

---

① 以上两段参见 D. C. Watt & Roger Bullen, "What is Diplomatic History," in Juliet Gardiner ed., *What is History Today...?*, pp. 131 – 133, 135 – 138。

点受到重视，社会科学因而快速发展。各式各样社会科学取向的历史学，组成了从定量的社会学经济学研究方法、年鉴学派的结构主义到马克思主义的阶级分析那样一道方法论和意识形态的光谱，所有这些研究路数都以不同的方式力图使历史研究更加紧密地以自然科学为范本。20 世纪初期，历史学研究的范围不断扩大，在传统史学中占主导地位的外交史研究受到严酷的挑战。

虽然在 19、20 世纪之交，欧洲列强间历经了国际同盟间的合纵连横，到一战爆发、巴黎和会、华盛顿会议以及"凡尔赛—华盛顿体系"的出现、国联的建立与运作等重大国际事件，外交史依然能够维持其在历史研究中的主流地位，但质疑批判的声音越来越大。

外交史原本讲求在严谨的史料功夫基础上，做出宏大的解释分析，在 19、20 世纪之交，法、德都出现一批有广泛解释与分析的杰出外交史学术著作。但是到了 1920 年代，各国政府竞相刊布档案文献集，为本国在一战爆发前的行为辩护，各国的外交史家被这些新史料吸引，过度集中于研究一战前几年悲剧发生的过程，投入无聊的"战罪"（War Guilt）问题争论，沉浸于令人厌倦的方法论。这样的外交史虽然严谨，但是太过于依赖档案、关注细节，过于枯燥，如同 1936 年英国史家扬（G. M. Young）在其名著《维多利亚时代的英格兰：时代肖像》（*Victorian England: Portrait of an Age*）中抱怨的："绝大部分外交史的内容，都在叙述某个官员对另一个官员说了些什么。"

许多学者对外交史过分拘限的技艺产生反感，外交史逐渐不再流行。①

外交史自外于社会经济史新潮流，沦为狭隘且过时的专业，日趋落伍，饱受质疑与批评。主要的批评有：外交史是上层历史（High History），只注重帝王将相、外交官等统治阶级的利益与活动，忽略了代表人民大众的利益与想法的下层历史（Low History）；外交史过分依赖外交档案，只反映外交官的观点，太过狭隘，常把错综复杂的外交过度简化，忽略了内政对外交的影响，与社会经济背景脱节；外交史只重视突发事件、非理性的活动、人类的冲突，忽略了长期趋势强大的影响力；外交史民族主义太强，只从一国单方面的角度研究外交，各国都为本国立场辩护，增加国与国之间的误解，忽视国际环境的影响，无助于世界和平，甚至被指控为引发一战的帮凶。②

新派的历史学家批判兰克式的范例，召唤着一种能解说各种社会经济因素的历史学，这样一种历史学不再把精力集中在事件和个别领袖人物的身上，转而把焦点聚集在事件或伟人存在于其间的各种社会条件上。民主化及群众社会的登场，也召唤着一种能说明更加广泛的各色人等和他们所生活于其中的各种条件的历史学，从不同的角度转而求之于社会科学概念。当传统的历史学把焦点聚在个人

---

① Alan Palmer, *What is Diplomatic History*. 网络版见：https://www.historytoday.com/archive/what-diplomatic-history。
② D. C. Watt & Simon Adams, "What is Diplomatic History," in Juliet Gardiner ed., *What is History Today...?*, pp. 132–134.

的作用与意向性的各种因素上，反对简化为抽象的概括时，社会科学取向的历史学新形式则强调各种社会结构和社会变迁的历程。[1]

为回应各种质疑，一些外交史研究学者呼吁摆脱民族主义色彩，注意外交政策的内政背景，把各国外交政策和执行过程放到特定国际大环境中去研究，注意到外交行为不仅仅是少数几个部长和大使的工作，太过狭隘的细化研究方法伤害并误导了外交史这门学科，必须将内政、外交政策视为一种共生关系，作为一个整体进行研究。更广泛的力量和利益参与制定外交政策并不始于20世纪，即使在最专制的君主制国家，外交也永远无法与其他内政问题完全隔绝，战争和外交不仅仅是君王的游戏，即使是王室外交中最明显的个人面向，也反映了当时社会更广泛的情态。

他们主张，外交史不是关于谈判的简单编年史，而是试图对塑造外交政策的复杂力量做出平衡的理解。出于特定的原因，国王、大臣和政府在特定时候做出了特定的决定，有时是轻率的，有时是精心规划的，有时是对不断变化的情况的应激式反应，但更经常是长期激烈辩争后的产物，如果认为这些辩争和由此产生的谈判是徒劳无功，那就完全没有切中要点。对一个君主外交政策的研究，不仅需要对当时的国际形势有全景式的掌握，还需要重新创造

---

① 伊格尔斯：《二十世纪的历史学》，第4页。

该君主时代政治的心理氛围，在这种氛围中，政策辩争既是一种催化剂，也是一种产物。[1]

一战的爆发催生了新一代历史学家，并为他们提供了使用新分析工具的机会。在战争期间，很多历史学家对民族主义的幻想破灭了，面对混沌的全面战争，他们感到有必要为所发生的事情寻求新的解释。两次世界大战之间，西欧和北美外交史研究最优秀的部分被纳入了国际关系史（International History），自由主义历史学家主导了这个趋势，他们坚持正式叙述的重要性，强调需要对1914年8月之前发生的事件按时间顺序进行理解，拒绝接受资本主义和帝国主义秩序注定会自我毁灭的概念，他们致力于寻找"有罪的人"，特别是那些导致战争的因素的决策者。由此，国际关系史成为历史研究的一个广泛而人性化的分支，对个人行为和责任的严肃思考，平衡了对国家行为深层次的解释和对国际社会结构的考察。他们中有些人甚至拒绝接受"正义战争"的概念，呼吁让"秘密外交"接受公众监督的运动，并引入了军备竞赛的概念。他们研究复杂的国际经济的进出口活动，展现贸易和关税壁垒对国家间关系的影响。所有这些思想和观点组成了新的国际关系史的研究框架——研究国家与社会关系的各个方面。[2]

---

[1] Simon Adams, "What is Diplomatic History," in Juliet Gardiner ed., *What is History Today...?*, pp. 133 – 135.

[2] Roger Bullen, "What is Diplomatic History," in Juliet Gardiner ed., *What is History Today...?*, pp. 135 – 138.

英国第一批国际关系史讲座是 1920 年代在伦敦政治经济学院和英国皇家国际事务研究所（RIIA，Chatham House）设立的，以反对民族主义史学的发展为宗旨。两位讲座教授分别是韦伯斯特（Charles Webster）和汤因比（Arnold Toynbee）。为了促进世界和平，他们被禁止从国家的角度讲授历史，韦伯斯特坚决无视了这一禁令，汤因比则照章办事（除了关于巴勒斯坦问题）。1952 年韦伯斯特退休后，传统的英国外交政策研究有了很大的发展，从国家意义上的欧洲外交史扩展到更广泛意义上的国际关系史，不仅包括了欧洲以外的外交关系，还涉及国际发展的战略、经济和社会方面。外交史研究的这些新趋势在二战结束后，逐渐汇集成具有全球视野、注重国际关系理论基础、注意互动国或地区的历史文化传统背景的国际关系史。①

三、 二战后美国外交史的发展与衰落

西方传统历史学的主流是欧洲中心论，近代世界史就是"欧洲的扩张"。二战之后，随着旧式帝国去殖民化，欧洲成为美、苏两阵营的附庸，英、法等国的外交史进一步衰落，仅有少数学者仍坚持传统的研究课题。此时美国跃升为世界强权，它的外交史研究一枝独秀，但也不断受到

---

① D. C. Watt, "What is Diplomatic History," in Juliet Gardiner ed., *What is History Today...?*, pp. 131 – 133.

社会科学理论以及对西方近代文明反省的冲击。

在欧洲外交史传统研究范式中，政府间的关系是最被关注的问题，外交政策由拥有专业训练和国际化视野的外交事务精英制定和执行，个别外交家常是研究的焦点。但在美国历史中，国际关系几乎总是次于国内问题，最有趣的研究往往集中在党派政治以及相互竞争的地区、种族、经济、社会和意识形态冲突。此外，由于美国一般缺乏专业的外交事务部门，而且通常根据政治分赃制度选择外交官，美国国务卿和外交官除了少数例外，通常不是特别有趣的研究对象。

二战以后，美国成为主导国际事务的超级强国，外交史的研究已经远远超越简单的政府间交流，研究重点转向国际经济关系、意识形态与文化的模式以及外交政策的内政根源。最初，相比于政策的执行与效果，美国学者对其形成过程与目的更感兴趣；他们更关注广泛、持久的趋势，而不是个别的危机事件；他们的研究重点从驻外使领馆转移到更广泛和无所不在的各种基地。美国这种研究取向转变的后果之一是"外交史"一词逐渐消失，在 1950 和 1960 年代，被"外交政策"（Foreign Policy）所取代。至 1960 年代后半，研究重心又从强调外交政策的国内根源转回思考实际的外交，并出现了两种研究取向的综合，"对外关系"（Foreign Relations）一词逐渐成为该专业的主要名称。1967 年"美国对外关系史学会"（Society for Historians of American Foreign

Relations，简称 SHAFR)[1] 的成立就是最明显的标志。

这种新的取向可以在近年对"美国帝国主义"的考察中看到。自 1950 年代初开始，它就是非马克思主义学者、修正主义历史学家重新感兴趣的研究主题，他们借鉴英国历史学家对帝国主义的研究成果，开始认为美国在世界范围内要求对美国商品的"门户开放"事实上就已承担经济帝国主义之名。至迟到 1960 年代末，学者们已研究在创建"新美利坚帝国"时，特殊经济利益、政治理论家和军事战略家的作用。1970 年代，外交史学家开始探索美国与其他大国及发展中国家的正式外交关系中通过什么方式来推动这种帝国主义动机。其他一些学者探索了美国帝国思想的非经济来源和海外文化帝国主义的各个方面，这通常也需要对其他国家的政治、经济和社会进行深入研究。因此，外交史学家实际上考察了美国及其他国家的社会和文化等各个方面。[2]

美国外交史的另一特色，在于大量引进社会科学及其他各种理论。1945 年以后，有体系的各种社会科学开始在历史学家的工作中起着日益重要的作用，他们把经济不断增长和科学的理论应用于社会改良，把它们视为规范现代世界的正面资产。1950 年代中期至 1960 年代中期，各种迸发的国际关系理论已经应用于外交史研究中。近年的

[1] "美国对外关系史学会"每年出版 4 期专业期刊《外交史》（*Diplomatic History*），是全球最主要的外交史专业团体。
[2] Kinley Brauer, "What is Diplomatic History," in Juliet Gardiner ed., *What is History Today. . . ?*, pp. 138 – 139.

"社会转向"极大地扩展了外交史的视角，而外交史研究者也开始关注普通民众在公共舆论、党派与利益群体等各方面的参与，如何进一步影响了高层的决策过程。"文化转向"更进一步激发了大众想象与认知方面的研究，探讨一国国民如何看待其他国家，理解本国立场并界定本国的国家利益。[①]

然而社会科学及历史学赖以立足的有关近代世界的性质及其方向的那种乐观主义，却被晚期工业世界社会内在结构的根本变化剧烈动摇了。1960年代，长期酝酿着的现代社会及文化的危机意识达到高峰，人们第一次强烈地意识到经济增长的消极面及其对环境稳定的威胁，对许多历史学家而言，它标志着西方文明及现代性"宏大叙事"的终结。自下而上的历史学兴起，各色人等都在力图脱离更大的、传统的民族整体，找到其他确认自己身份的方式，究竟有没有可能进行客观的历史研究这一疑问，就构成了一项更严厉的挑战。对西方文明性质的幻灭感，日益造成了一种对现代科学观的深刻反思。[②]

对外交史研究而言，1960、1970年代，西欧的历史学家意识到当代欧洲的重要性已经远离，研究消逝的帝国史没有意义。美国学界1960年代受年鉴学派影响，自下而上

[①] Akira Iriye, *Global and Transnational History: The Past, Present and Future*, Basingstoke and New York: Palgrave Macmillan, 2013. 中译本见：入江昭著，邢承吉、滕凯炜译：《全球史与跨国史——过去，现在和未来》，杭州：浙江大学出版社，2018，第5—6页。
[②] 伊格尔斯：《二十世纪的历史学》，第4—6页。

的社会史研究兴盛，对以国家和外交决策者为主要研究对象的传统外交史学提出新的质疑，一般人也因为它专注于权力的行使，而不喜欢国际关系史。同时，美国卷入越南战争引发了历史学家之间关于美国自二战以来在世界事务中作用的激烈争论。[1]

1970 年代以后，美国学界对外交史的批判更多。1971年哈佛大学的梅野（Ernest R. May）就提出"外交史的衰落"（Decline of Diplomatic History）之说，呼吁外交史同行要扩大研究的视野，否则该领域有"濒临消失"的危机。美国外交史学界对于该领域何去何从，历经多年不断的辩论和反思，最主要的变革呼吁，便是跳出传统外交史的框架，打破以美国为轴心的研究方法，将美国外交史转变为国际史。一些外交史学家也意识到传统政治外交过度重视政府角色、军事和外交谈判，忽略文化、经济、科技、媒介、信息等重要因素。[2]

对外交史批判之集大成者，是哈佛大学国际关系史教授梅尔（Charles Maier）。他在 1980 年撰文，批评 1970 年代的美国外交史研究没有引领研究转变的潮流，也没有公认的大师，缺乏学术界尖端的集体事业感，绝对不在历史学发展前沿领域之列；在各大学及教育机构中，外交史已

① Roger Bullen, "What is Diplomatic History," in Juliet Gardiner ed., *What is History Today...?*, p.137.
② 吴翎君：《从徐国琦新著 *Strangers on the Western Front: Chinese Workers in the Great War* 谈国际史的研究方法》，台北《新史学》第 22 卷第 4 期，2011 年 12 月，第 186—187 页。

经成为"养子",有天分前景的研究生,被社会史有趣的方法吸引。他认为原因在于外交史课题老化、手法单调、视野狭窄、不熟悉外国语言和文化等,更根本的结构性因素则是学界近年来对菁英书写的反感,转向重视由下而上的历史。由于外交史在方法论上要民主化比较困难,加以外交史学界对新技术的抗拒,外交史和历史学的其他领域相比,并不处于史学研究的刀刃上。梅尔建议外交史研究必须向其他历史领域及社会科学领域找寻有用的解释取向,在一个互相竞争领土的世界架构中,分析政治结构、文化系统、经济安排等课题,更努力地朝向国际关系史发展,或许在未来可以看到外交史研究的复兴。[1] 梅尔尖锐的批评有如一石千浪,在美国外交史学界引起很大的反响,许多学者提出反驳意见。[2] 然而外交史的没落已无可否认。

四、 后现代与全球化的冲击

/

1970 年代以来后现代主义(Post-modernism)兴起,

---

[1] Charles S. Maier, "Marking Time: The Historiography of International Relations," in *The Past Before Us: Contemporary Historical Writing in the United States*, edited by Michael Kammen, Ithaca, New York: Cornell University Press, 1981, pp. 355–388.

[2] 'Responses to Charles Maier's "Marking Time: The Historiography of International History"' in *Diplomatic History*, Volume 5, Issue 4, October 1981, pp. 354–382; Warren Cohen, "The History of American-East Asia Relations: Cutting Edge of the Historical Profession," in *Diplomatic History*, Volume 9, Issue 2, April 1985, pp. 101–112.

1990 年代全球化（Globalization）大盛，西方外交史研究持续受到严厉冲击，艰辛努力做出相应的调适。21 世纪初又有所谓"后西方世界秩序"（Post Western World Order）时代来临之说，西方中心色彩浓烈的外交史迎来了更严酷的根基动摇。

1970 年代初期后现代主义兴起。伊格尔斯认为，后现代主义反映了一种转型中的社会与文化，其中有关工业增长、不断增加的经济期待和传统的中产阶级典范都已动摇。历史学的主题从社会的结构和历程转移到广义的日常生活的文化上面，有人力图以微观史学取代宏观历史和宏观社会过程的研究。历史学不再是寻求规律，而是寻求意义的一种解释的科学。在新文化史看来，国家的中心体制、教会和世界市场都已经坍塌，文本的意义已不再是透明的，而是被打上种种矛盾和断裂的烙印。①

后现代主义批判现代性，指出现代文明的各种弊端。就历史学而言，他们试图解构近代西方历史学，指出近代史学根植于西方古典文化，经过近代科学革命、理性主义改造，借助西方在世界范围建立霸权，开始走向全球，迫使世界其他区域接受。这一西方近代史学，在观念上以进化论为主导，在形式上表现为民族主义，在方法上则是科学主义——三者之间同时又有密切的互动和影响。进化论的观念强调历史的进程并非漫无目的，而是有其意义与走

---

① 伊格尔斯：《二十世纪的历史学》，第 11 页。

向的；民族主义赋予了历史著述一个具体的目标：为本民族在世界历史上竞争一个位置；科学主义则为这一竞争设定了统一的规则（自然以西方为标准）；虽然民族史的写作有其政治关怀，但又必须取信于人，也取信于己。[1]

后现代主义者特别注意到历史知识产生与传播过程中的政治（权力结构），动摇史料（事实）与阐释之间众皆认可的关系，主张只有叙事的政治，而历史之真除了通过叙述象征以外是不可得知的。[2] 他们认为叙述结构与语言价值的变化是我们理解历史的敲门砖，客观主义历史学最大的缺陷，就是忽视了历史的语言形式，忽略了历史的叙述形式。他们主张"历史"由有权者掌握，"事实"只能以某种形式产生意义，任何时候历史探索者都是一种语言与历史真实之间的活动。[3]

后现代主义者指出近代民族主义史学与民族国家密切的关系，印度裔美籍学者杜赞奇（Prasenjit Duara）认为，现代社会的历史意识无可争辩地为民族国家所支配，民族（及由其衍生的民族主义领袖得以民族的名义行事的民族国家）获得作为历史主体的特权和主权。[4] 美国纽约大学历史教授本德（Thomas Bender）也指出近代历史学与近代国

---

① 王晴佳：《台湾史学 50 年》，台北：麦田出版社，2002，第 3—4 页。
② Prasenjit Duara, *Rescuing History from the Nation: Questioning Narratives of Modern China*, Chicago: The University of Chicago Press, 1995. 中译本见杜赞奇著，王宪明译：《从民族国家拯救历史：民族主义话语与中国现代史研究》，北京：社会科学文献出版社，2003，第 14 页。
③ 杜赞奇：《从民族国家拯救历史》，第 35—36 页。
④ 同上书，第 14—15 页。

家一起兴起，这种关联性赋予历史学研究焦点，也在大众生活中占得重要地位，但同时使得比国家大或小的故事被遗忘。历史叙述随时代演变，不同的观念、主题或叙述会被视为重要而被强调，这些有特权的叙述，是现代历史经验与过去可得的历史间严肃对话的产物。国家产生与国家历史是这个过程的例证，"国家历史"代表整合社会的特定叙述，歌颂共同的感觉，一个共同的历史记忆对维持形成国民之协力，至为重要。民族国家作为近代历史学新的历史主体，被历史书写采用为自然的分析单位，同时历史书写的工作制度化为书写过去的政治。16世纪世俗历史出现时，国家就是发展的指标；到19世纪历史成为职业学门，国家成为新的政治及权力的主导形态，两者密切相关。在欧洲，研究型大学兴起，史家与人文学者生产国家史，协助近代民族国家的成立。国家成为历史与政治单位，职业史家在欧美制度化为近代国家建构工作中的一种文化投资，历史这一行的专业地位因而确立，在国家教育体系中教授"国家历史"。①

外交史伴随近代民族国家世界体系兴起，加强了国家论述，杜赞奇指出："现代民族主义的新颖之处在于近百年来遍布全球的民族国家的世界体系，这一体系将民族国家视为主权的惟一合法的表达形式。全球性的体制革命，产

---

① Thomas Bender, Preface & Introduction, in his ed. *Rethinking American History in a Global Age*, Berkeley: University of California Press, 2002.

生出极其强有力的民族国家表述。"①

后现代主义者批评近代史学的西方中心观点，称："由国际法所定义的国际关系是一种已经自然化的权势话语，它作为欧洲人全球扩张的典型产物，从 16 世纪一直存在至今。自然化是指它已被接受为民族国家处理国际关系的一种通行方式。"② 世界体系理论学者弗兰克（Andre Gunder Frank）也提出："近现代历史，包括早期和晚近现代历史学，是由欧洲人制造出来的，按照布罗代尔的说法，正如历史学家所'知道'的，欧洲人'以欧洲为中心组建了一个世界'。这就是欧洲历史学家的'知识'，而正是他们'发明'了历史学，然后又充分利用了它。"③

后现代主义者批判近代西方民族历史是线性的、目的论的、启蒙必胜、简单因果的科学史学，有始有终因而必定有取舍，自然会删削其他无关之事，因而窄化历史，减少叙述之丰富。④ 西方历史叙述多强调西方现代文明之优越与不断进步，全球其他文明必须放弃自身传统，努力学习西方以晋身现代之林。后现代主义者主张："对进步主题

---

① 杜赞奇：《从民族国家拯救历史》，第 6—7 页。
② James L. Hevia, *Cherishing Men from Afar: Qing Guest Ritual and the Macartney Embassy of 1793*, Durham: Duke University Press, 1995. 中译本见何伟亚著，邓常春译：《怀柔远人：马嘎尔尼使华的中英礼仪冲突》，北京：社会科学文献出版社，2002，第 29 页。
③ Andre Gunder Frank, *ReOrient: The Global Economy in the Asian Age*, Berkeley: University of California Press, 1998. 中译本见贡德·弗兰克著，刘北成译：《白银资本：重视经济全球化中的东方》，北京：中央编译出版社，1999，第 24—25 页。
④ Bender, *Rethinking American History in a Global Age*, intro., p. 8.

的史学挑战至少应包括将欧洲和北美之外的世界按照与必胜的现代性及支持它的社会科学理论不同的方式纳入思考之中，它还包括确认要关注'现代'的紧张、矛盾和失败方面。"①

简言之，笔者认为后现代主义解构民族国家与历史知识之间的权力关系，批判档案史料形成的政治过程，从根本上动摇了作为外交史主要支柱的民族国家与外交档案。又反省西方必胜的线性进步史观，以及西方中心观点的宏大叙事，在在都对传统外交史诸基本命题提出严酷质疑，进一步加深了外交史的危机。

1989 年冷战的结束，标志着西方民主、自由资本主义对苏联权力高度集中、指令性经济模式的胜利，全球快速进入美国独强的单极化与主导的全球化时代，美国世界秩序似乎大获全胜，甚至于有人宣告这是"历史的终结"。②此后三十多年间"全球化"高唱入云，全世界大部分地区人民生活中各个领域都感受到它的强力冲击。

对外交史研究而言，最大的冲击是民族国家、主权国家，以及由其组织而成的国际家庭之趋于崩解。民族国家是在文化认同整体（民族）之上，在一定空间和国家内组

---

① 何伟亚：《怀柔远人》中文版序，第 5 页。
② Amitav Acharya, Barry Buzan, *The Making of Global International Relations: Origins and Evolution of IR at its Centenary*，Cambridge: Cambridge University Press, 2019.中译本见：阿米塔·阿查亚、巴里·布赞著，刘德斌等译：《全球国际关系学的构建：百年国际关系学的起源和演进》，上海：上海人民出版社，2021，第 184—186 页。

织起来的，当人们活动的空间从国内走向世界，疆界不再限制人口、资本、文化等的流动，跨国空间纷纷形成，社会与国家不再等同，国家主权自然受到侵蚀与削弱。在人权组织、环保团体及世界自由贸易的旗帜下，民族国家现代的主权概念失去意义。跨越国家边界的经济、政治与生活方式，威胁了民族国家内部的凝聚力，全球经济挖空了民族经济和民族国家的根基，全球政治正在剥夺民族国家政治的权力。

传统外交史研究伴随着现代民族国家、主权国家兴起，强调国家主权、国家利益。以主权国家为自然分析单位，是否会随着民族国家、主权国家的衰微而根基流失，甚至失去存在的理由？美国外交史学界对此问题热烈讨论，时任"美国对外关系史学会"会长的俄亥俄州立大学教授霍根（Michael J. Hogan）于 2003 年底发表名为《外交史在全球化时代的未来》[1] 的就职演说，指出全球化对外交史研究是一把双刃剑：就好的方面看，史学研究者都同意国际关系的重要，纷纷将各自研究加入国际视角；坏的一面是，外交史同行却未能掌握此趋势，做出应有的贡献。

霍根表示，美国史学界在 1990 年代已针对全球化趋势开过很多会议，探索如何将美国史超越国家框架，置于更宽广的全球视野中来理解，并出版了很好的论文集。[2] 相

---

[1] Michael J. Hogan, "The 'Next Big Thing': The Future of Diplomatic History in a Global Age," in *Diplomatic History*, Vol. 28, No. 1, January 2004.

[2] 此处指的是 Thomas Bender ed., *Rethinking American History in a Global Age*, 2002。

形之下，美国外交史学界却孤立于此趋势之外，仍着重于传统外交史研究取向，以主权国家为分析单位，注重代表国家利益的战略、地缘政治、政策等议题。长此以往，外交史将在全球化研究中日趋边缘化，同时《外交史》期刊的吸引力降低，水平不易维持。他为美国外交史学界开出药方，认为传统外交史研究主题仍然重要，国与国之间的关系以及相关之战略和地缘政治议题，仍是有用的大众关心的课题，应保持多国档案对照研究法的优良传统，并继续注意外交政策与内政因素的交互作用，但必须要朝一些新方向努力，跳脱出美国中心国家论述的限制，更努力地寻求国际化。

霍根呼吁外交史研究要掌握潮流，注意后现代主流，打破过去的学科区隔，多做科际整合，研究主题更多样化，多发挥对国际事务专精的优势，将对外关系研究超越国家中心，不只要超越民族（nation），还要超越国家（state），超越那些影响国家政策形成的团体，多探讨与国家政策无关的全球人权、国际妇女运动、宗教运动、种族冲突等主题。这些跨国力量与人类议题，将是新的国际关系史的主要内容。他认为全球化有可能将外交史带回学术研究的中心，外交史仍有许工作可做，例如全球化的历程，及随之而来的新的认同及冲突的来源，等等。①

为适应新的、多元化的、迎合国际关系史兴起的趋势，

---

① Michael J. Hogan, "The 'Next Big Thing': The Future of Diplomatic History in a Global Age," in *Diploatic History*, Vol. 28, No. 1, January 2004, p. 1.

霍根甚至建议在组织结构上做破釜沉舟的改革，将"美国对外关系史学会"改名为"国际关系史家协会"（Society for Historians of International Relations），以拥抱更多相关研究的同行。专业期刊《外交史》（*Diplomatic History*）也应改名为《国际关系：比较与国际历史期刊》（*International Relations：A Journal of Comparative and International History*），开放给非探讨国家之间关系的论文，如在国际领域之非国家行为者，国际事务中的文化、艺术、社会、经济。如此才能掌握多元主义，提升科际整合，有机会去探索新的主题与方法，进而提升刊物本身的水平。他强调"门户开放与国际化"是防止外交史在学界被边缘化唯一的道路，外交史研究者必须致力于结合传统外交与更广泛的国际关系分析，要探讨民族与国家之外的国际关系的世界，更深入探讨塑造外交政策的种族、性别及意识形态等因素，也要借用文化研究与论述分析；掌握以上的趋势与重要的主题，外交史可以真正成为国际关系史，并成为史学领域下一个重头戏。①

本德也主张跳出国家论述的限制，他在《在全球化时代重思美国史》（*Rethinking American History in a Global Age*）一书的序言中，指出目下对跨国关系及结合之重视，引导我们去探索过去的故事，重新发现那些国家尺度之外，在强调国家历史书写时被遮蔽的经验。他主张不要再以国

---

① Michael J. Hogan, "The 'Next Big Thing': The Future of Diplomatic History in a Global Age," in *Diplomatic History*, Vol. 28, No. 1, p. 2.

家观念来思考过去，更多注意到国家之下、国家之间及全球政治、经济、社会和文化的发展，跳出美国中心的国家论述的限制，将国家放在全球的尺度中，产生更丰富多元的、更历史的国家叙述。同时本德提醒，并不是以全球化取代国家，为了拥抱全球化之意识形态与过程而放弃国家及其意识形态，对历史是无益的；国家仍未消失，仍有许多权力，仍应是持续与密集考察的对象，但非由其自己定义，全球化不是"后国家史"，而是丰富国家历史。①

哈佛大学历史系教授入江昭（Akira Iriye）在该书中的论文，同样极力鼓吹将国际史与国家史脱钩。他建议将美国对外关系研究去中心，超越民族也要超越国家，国际关系史不只是政府间的历史，还包括代表政府的个人或组织。传统外交史以主权国家为分析单位，注重代表国家利益的战略、地缘政治、外交政策等，常常以一国观点看世界事务，现在应注意到宗教、种族、妇女、人权、跨国公司等其他种种跨国力量及其人性特质，注意到国际移民、非政府组织（NGO）、环境变迁、资金流动、文化交流、科技转移等主题。②

也有人认为全球化对外交史研究有利，科罗拉多大学历史学教授蔡勒（Thomas Zeiler）认为外交史关心国家、文化、运动及人之间的关系，对全球化趋势本来就不陌生，

---

① Thomas Bender, Preface & Introduction, in his ed. *Rethinking American History in a Global Age*.
② Akira Iriye, "Internationalizing International History," in Thomas Bender ed. *Rethinking American History in a Global Age*.

将全球化视为历史现象，追溯数世纪以来全球化的历程，会是外交史家的一大利好。[1]

从美国外交史学界的反应看，全球化趋势对于没落已久的外交史研究，既是危险也是机会，端看同行是否能有觉悟并做出更多的努力。机会在于全球化注重国际交往，外交史在这一方面有基础，在研究全球化历程时具备一定的优势。危险在于全球化强调打破国家框架，注重非国家行为者，如跨国公司、NGO等；注意传统国家利益议题之外的全球议题，如环境、移民、文化交流、全球市场、人权等。这些都冲击以民族国家为研究单位的外交史研究取向，而且往往由其他学科如人类学、区域或文化研究、科际整合的学者主导研究潮流，取得研究成果，外交史学者则多墨守成规，仍着重于外交政策、战略、地缘政治等传统议题，因而不断丧失地盘。

1992年韩德（H. Michael Hunt）发表《美国外交史的长期危机正趋向终结》一文，对该领域进行全面检讨。韩德将美国外交史领域分为三派：一是"现实派外交史学"，这批学者重视美国本身的外交政策，重视"国家利益""地缘政治""国际现实"等概念；二是所谓"进步外交史家"，此派的特点是结合外交与内政，分析经济体制、社会结构、文化媒介等因素对美国内外关系的影响；三是国际学派，着重分析国际大环境对美国外交决策的影响，此一学派大

---

[1] Thomas Zeiler, "Just Do It! Globalization for Diplomatic Historians," *Diplomatic History*, Vol. 25, No. 4, Fall 2001.

师云集，在美国具相当大的学术影响力。韩德认为这三个学派各有建树，但在方法、概念和内涵上亦有不少缺陷。但他仍对此一学科持有乐观的谨慎，认为由于该学科学者不断调整方向，特别是愈来愈走向多元化和国际关系史的模式，长期存在的学科危机"正趋向终结"。①

入江昭是鼓吹全球史（Global History）与跨国史（Transnational History）研究最力的代表性学者，他在《全球史与跨国史》一书之前言指出：

> 许多年前，我从研究单个民族国家历史（美国、英国、中国等）的研究者转变为研究国家间关系的国际史学者。然而我也逐渐发现，国际史仍旧只看重个别国家，研究视角也局限于各国之间的政府往来。过去二十多年来，包括我自己在内的历史学家对"非国家行为体"愈发感到兴趣，……相比于强调国家间关系的"国际"（International）一词而言，跨国（Transnational）一词更强调国家类别之外的群体，例如女性、孩童、学生、残疾人等等，这些人群在世界范围的经历和普遍存在，使得他们不能简单地被归入民族国家的叙事框架。②

---

① H. Michael Hunt, "Long Crisis in U. S. Diplomatic History: Coming to Closure," *Diplomatic History*, No. 16, Winter 1992. 引自吴翎君：《从徐国琦新著 *Strangers on the Western Front: Chinese Workers in the Great War* 谈国际史的研究方法》，第 186—187 页。
② 入江昭：《全球史与跨国史》，第 4 页。

五、 西方外交史学界的调适

近数十年来，西方外交史学界不断受到批评与冲击，也努力做出相应的调适，逐渐朝向国际关系史、跨国史、全球史发展，近年美国学界有人呼吁将美国对外关系史（History of American Foreign Relations）朝向"美国在世界史"（History of the United States in the World）转型。

全球化高峰时期，文化史、全球史转向的趋势，反映在"美国对外关系史学会"编写的外交史教科书 *Explaining the History of American Foreign Relations* 三个版本内容的变化中。1991 年霍根（Michael J. Hogan）和佩特森（Thomas G. Paterson）主编该书第 1 版，主要是传统外交史的课题，加入部分文化史、跨国史的探索。其序言云：

> 我们一再被告知，美国对外关系史是学术圈中的一潭死水，正如本书中好几篇论文提及耳熟能详的指控，美国外交史被种族中心观点主宰，陷于细节，缺乏综合，极度需要新的方向。……事实上，美国外交史学者正在发展新的主题，发掘外国档案，使用新的方法，一些学者寻求将这个领域再概念化，也有人探索思考旧取向的新方法。本书中的论文展示了本领域的活力，它们并不想改写旧的争辩，或反驳特定的批评，它们也不是书写学术回顾，相反的，这些论文展

现了一些新的探索主题，一些近年出现新的分析取向。它们指出学者解释美国外交史时各式各样的路径，也努力于定义本领域，指出研究的新方向，刺激跨学科的思考，尤其是在史学家与政治科学家之间。[1]

2004 年相同主编的第 2 版，删去了"均势""公共舆论""心理地图"等三章，新增"全球边界""现代化理论""文化转移""解读意义""性别史""洞察种族""记忆"等七章，反映了十多年来文化史转向及全球化的趋势。其序言云：

> 十年前我们写第一版序言时的防御性语调，现在看来已不合适了，……十年来美国对外关系史研究有了某种程度的"文艺复兴"，因此需要新的版本。……本版中的论文，并非要改正旧的辩论，或反驳特定的批评，也不是对"文艺复兴"史学作品的回顾，而是展现一些探索的新主题，一些近年来出现新的分析性取向，这些论文致力于定义本领域研究的新方向，激发美国对外关系史研究做跨领域的思考。[2]

---

[1] Preface of Michael J. Hogan & Thomas G. Paterson eds. , *Explaining the History of American Foreign Relations*, Cambridge: Cambridge University Press, first edition, 1991, preface, p. ix.

[2] Preface of Michael J. Hogan & Thomas G. Paterson eds. , *Explaining the History of American Foreign Relations*, Cambridge: Cambridge University Press, 2nd edition, 2004, pp. vii - viii.

2016 年由科斯蒂劳拉（Frank Costigliola）和霍根主编的第 3 版，各章主题变化不大，主要增加了"数据库在外交史研究上的运用"一章。该书导论云：

> 1991 年第一版问世以来，许多事改变了，当时正值冷战结束，美国对外关系史衰落，受到攻击，……第一版指出许多新主题与方法，主要与社会科学整合，但尚未引进文化史与后现代主义。2004 年第二版出版，引进更多社会史自下而上的取向、文化史、后现代各主题，同时维持传统的重要取向，如：国家安全、意识形态、政治经济学。2016 第三版将美国对外关系史（现在也称为：国际关系史或美国在世界史）更多样化，在方法创新的同时，维持基本内容：分析国际事务的政治、经济、文化、军事面相。本书各章，反映最新的文化转向及语言学转向，强调人类事务的偶发性、多样性及主观性，代表现在的学术潮流，致力于定义本领域的状态，突显新的分析模式，重新思考传统主题与方法，展示其他美国史领域提出的问题的有用性。本书对美国对外关系史提出许多挑战性的研究取向，显示本领域的活力与多样性。①

---

① "International History Research Clusters: Overview of the research conducted in the department," Introduction of Frank Costigliola & Michael Hogan eds, *Explaining the History of American Foreign Relations*, Cambridge: Cambridge University Press, 3rd edition, pp. 1-2.

英国伦敦政经学院国际关系史系（Dept. of International History, LSE）是传统外交史研究重镇，近年也注重跨国史、全球史议题，其系网站中的"本系研究回顾"云：

> 本系发展自 1926 年 Stevenson 国际关系史讲座，致力于提供公众意见，排除民族主义偏见，尽可能从最国际的角度教导历史。本系专注于国际关系史，与 LSE 专力于社会学科，及伦敦作为全球最多样性的首都的位置相契合。
>
> 本系早期教师主要做外交史研究，即政府间的关系，尤其重视危机与战争时的合纵连横。近年来研究主题扩大到支撑国际政治之经济、战略、社会及文化、外交机制、国际组织，以及外交政策与国内语境的互动关系。国际关系史与军事史、帝国史的关系越来越密切，随着考察长时段发展的全球史出现，它们的范畴也逐渐扩大。最后，自 1990 年代起越来越关注跨国史，分析和平运动、跨国企业等非国家行为者间的非官方互动，当原本关切的国家间的战争与和平仍是本系的基本部分，本学门包含了跨边界的所有种类的活动。近年，本系大幅度扩大了地理上的研究专业，事实上已经是全球史了。[1]

---

① https://www. lse. ac. uk/International-History/Research/research-clusters，2023 年 3 月 16 日查阅。

伦敦政经学院另一个值得注意的趋势，是致力于结合国际关系与外交史，十多年前国际关系史系与国际关系系（Dept. of International Relations）合开一门"国际关系的理论与历史"（Theory and History of International Relations）理学硕士（MSc）课程。

全球史的特色之一，是持续发扬后现代主义去西方中心的趋势，2012 年出版的《牛津国际法史手册》明确标举此宗旨，其导论《走向国际法的全球史》第一节"一条较少被走的道路"即指出：

> 过去国际法史书写惯常的脉络是，欧洲国家体系原则（自 16 世纪以来扩张到各地终于遍及全球）的发展史，这种脉络同时书写成一个进步的历程，最终导致世界由启蒙、美国革命及法国革命的理想来治理。这样一个以人性之名的进步史，自然有其美丽，它为国际法史提供了一个清晰的基本目的与方向，因而赋予它可理解的架构，然而不幸的是，这种美丽是虚假的。
>
> 国际法史的欧洲中心叙事被证明是错误的，因为它是不完整的，不只是它全面忽略了伴随西方原则扩散的暴力、无情与骄傲，以及此扩散造成的其他法律文化的解体。如同其他历史，国际法史也是一部征服者及胜利者的历史，而非被牺牲者的历史。甚至，传统的故事

忽视了历史过程中太多自治群体之间法律关系的其他经验与形式，也摒弃了那些因欧洲列强主宰与殖民造成的非欧洲经验与形式的断裂，被认为与国际法史无关。

与传统道路分离很刺激也很危险，它是一个实验也是探险，离开既有道路必然会遇到无法预见的障碍，想探索至今被忽视的发展过程，就要有遭遇无法预期的与不易理解的心理准备。本书只是这个方向的一个开端，代表走向国际法全球史的第一步。①

外交史与国际法史关系密切，上述观点颇多可以参照省思之处。

六、"后西方"时代的来临？

全球化到了21世纪初受到阻碍，国际关系学界开始有人使用"后西方时代"（Post Western Era）一词。最具代表性者应是英国学者巴里·布赞（Barry Buzan），他称新的时代为"后西方世界秩序"（Post Western World

---

① Bardo Fassbender & Anne Peters eds. , *The Oxford Handbook of the History of International Law*, Oxford: Oxford University Press, 2012, "Introduction: Towards a Global History of International Law," pp. 1–2. 中译本见：巴多·法斯本德、安妮·彼得斯编，李明倩、刘俊、王伟臣译：《牛津国际法史手册》（全2册），上海：上海三联书店，2018，第1册。此处引文为笔者自译。

Order),① 他认为，2008 年开始的美国金融危机和 2016 年特朗普胜选、英国脱欧，使自由主义事业陷入深刻危机，这一事业长期以来曾经为西方，特别是美国以及盎格鲁圈的主导地位提供了目的论神话。2016 年之前，人们就已普遍感到全球国际社会正处在重大转型甚至是危机之中，长期存在的西方秩序正受到来自不同方向的围攻，中国、印度和"他者"的崛起正逐步侵蚀西方在物质和观念上的相对主导地位。② 近年来，"后西方"一词被越来越多的学者使用，"中国崛起"常被认为是"后西方"主要的代表现象之一。

就外交史而言，"后西方"主要意味着不再以近代西方"威斯特伐利亚体系"为唯一的世界体系，以"民族国家"为唯一的行为者，以西方国际法为唯一的游戏规则。这对于中国外交史研究而言，绝对会是一个重新起步的重大转型契机。

许多人认为中美竞争正在进行，2012 年有美国学者提出"修昔底德陷阱"之说，③ 接着与霸权转移（Power Transition Theory）相关的讨论急遽增多。2018 年中美贸易摩擦开始，中美加速脱钩，随即新冠疫情大起，全球人员、物品、资金往来急遽下降，2022 年乌克兰危机爆发，

---

① 阿查亚、布赞：《全球国际关系学的构建》，第 186 页。
② 同上书，第 269 页。
③ Graham Allison, "Thucydides's trap has been sprung in the Pacific," *Financial Times*，21 August 2012.

西方国家对俄罗斯实施经济制裁，激化能源、粮食危机，全球供应链断裂，"去全球化"似乎已然来临。

　　美国拜登政府于 2022 年 10 月 12 日公布了首份《国家安全战略》（*National Security Strategy*）文件，次日国家安全顾问沙利文（Jake Sullivan）在华盛顿的乔治城大学演讲称，美国面临两个主要的战略挑战：第一，地缘政治竞争，后冷战时代已经结束，主要大国之间正在进行竞争，以塑造接下来的发展；第二，跨国挑战（气候变化、粮食不安全、能源转型、疾病和大流行病）的巨大规模和速度。这两大战略挑战是相互交织的，美国正在建立一个全球竞争和合作的战略，一是迅速投资于美国国家力量的来源，二是动员最广泛的国家联盟来增强美国的集体影响力，三是塑造 21 世纪经济的道路规则，从技术、网络到贸易和经济领域。这就是美国塑造有利的地缘政治竞争，及面对那些跨国挑战的战略。[1] 2023 年 3 月 21 日，中、俄在莫斯科签署《联合声明》，表明两国将密切合作，战略协同。

　　可以预见，在新的时代中，地缘政治、战争与和平、民族主义、强权政治、军备竞赛、大国结盟等传统外交史的研究课题，将再次成为国际关系的核心关怀。同时社会史、文化史、后现代研究都有退潮迹象，20 世纪以来不断被批评的民族国家叙事与传统外交史研究议题及方法，是

－－－－－－－－－

[1] https://www. whitehouse. gov/briefing-room/speeches-remarks/2022/10/13/remarks-by-national-security-advisor-jake-sullivan-on-the-biden-harris-administrations-national-security-strategy/

否会迎来新生的契机？尤其是中国正崛起为大国，在世界中的位置越来越重要，对全球事务的发言权越来越大，随时有提出重整世界秩序新构想的迫切需求，在在都有向历史经验思索借镜之处。中国外交史实有成为重要学科的现实需要，前景无限。

第三章

民国时期中国外交史研究的萌芽

中国传统史学中本无外交史这个领域，近代意义的外交是与西方接触之后才开始的，外交史研究因此一方面受西方近代史学的影响很深，一方面与中国民族国家的建构同步兴起，民族主义色彩浓厚。

20 世纪初中国现代民族主义启蒙历史叙述形成，开始把民族建构成历史的主体，旅日学人大量翻译日本史家著作，也引进了受西方影响的史学观念、体裁，其中以 1902 年梁启超《新史学》的影响最大，已有明显的科学史学、进化史观等的色彩。加以不久后清帝国瓦解，中华民国以民族国家之姿兴起，也代表新的身份认同、新的忠诚、新的看待过去的方式。1911 年以后的史学著作里有了关于民族国家形成的叙述、古代文明和当代文明的区分、旧中国与新西方的差异等新内容。中国思想家以欧美方式重新审视过去，他们接受了时间观念和组织分类，在这过程之中，中国和西方的学者按照界限清晰的时空实体来安排他们的叙述，把文明和民族作为恒定的历史分析单位，以直线式的因果关系组织事件，明确以宗教、政治、经济、文化等类别来界定社会成分，并将历史发展分割成黑白分明的各个阶段。①

西方提倡科学史学的时候，正是西方国家殖民征服所向无敌的高峰，他们以科学主义来告诉非西方的人士：历史的"真相"，就是唯有遵循西方发展的道路，才能摆脱贫穷与积弱，在现代世界生存立足。于是，科学主义与民族主义相互携手，主导了20世纪史学研究的世界性潮流。中国亦然，在"现代"史学发展中，傅斯年等人的"史料学派"崛起，强调对历史真相的追求，对考证史料的重视，他们认为中国以往传统中太不重视这一点，因此造成近代中国贫穷积弱的局面，因此他们对真相、事实的崇敬，正是为了建立民族史学的需要。②

中国外交史研究也反映了科学主义与民族主义的结合，其源头有二：一是清末民初的革命宣传品，主要是刘彦及其追随者有关晚清及民国外交史的著作，在现代中国民族国家历史记忆的塑造过程中，具有不可替代的作用，形成一种历史底蕴深厚的"国耻论述"，形成了整个20世纪中国外交史书写的基本范畴；二是早期西方学者较严谨的作品，如马士（H. B. Morse）、波赖（Robert Pollard）等的英文著作，对国人影响较小。

中国自身严谨的外交史研究，应该是从1930年代开始，一批受西方训练的学者，如蒋廷黻、张忠绂、郭斌佳

① 何伟亚：《怀柔远人》，第245页。
② 王晴佳：《台湾史学50年》，第254页。

等，开创以学术标准编辑史料、研究外交史的风气，出现了一批高水平的作品，致力于依照西方"学术化"的标准，奠定中国外交史研究的基础，同时也将西方观念引进，用以诠释近代中外关系。这个外交史研究传统方才萌芽，到1930年代末期就呈现断裂。一因日本入侵，在国难日亟的压力下，这批学者多转入政界，学术研究中断；二因马克思主义为代表的左翼思潮影响中国史学界、学术界，持续以马克思主义观点重建中国历史。

一、 中国外交史研究的先驱者

较早的中国外交史著作是清末民初的革命党宣传，以刘彦为鼻祖。刘彦（1880—1941）湖南醴陵人，中过秀才，肄业于湖北文普学堂，1907年由清政府选派为公费留学生，入日本早稻田大学攻读政治学。留日期间与同乡同学宋教仁友好，加入中国同盟会，追随孙中山从事革命，志在推翻清政府，恢复中华，建立民国。刘彦参考日本书刊，撰写《中国近时外交史》一书，于宣统三年（1911）闰六月在东京印刷，运往中国内地发行。

辛亥革命后，1912年初中华民国临时政府在南京成立，刘彦任临时参议院议员，南北统一后随院北迁，后来当选为第一届国会众议院议员。1913年宋教仁遇刺身亡，刘彦赴南方倡导二次革命，讨袁军失败后，赴云南任财政厅经理腾越盐务，1916年袁世凯病死，国会重开，他赴北京再度担任众议院议员。1917年9月孙中山在广州建立护法军政府，刘彦出任政务厅厅长，其间著有《欧战期间中日交涉史》，宣扬袁世凯与日本订立密约。1921年华盛顿会议召开，刘彦任中国代表团外交谘议，发表《太平洋会议与我国提案》《太平洋会议中国提案商榷书》，力主以平等身份参加有关中国问题的各项讨论，并在山东问题和"二十一条"等"国家受根本侵害频年不能解决之特种问题"上提交中国的议案。1922年归国后，刘彦主办《外交评论》，1923年1月他和国会议员张树森等向国会提出了"二十一条无效案"，获得众议院、参议院通过。同年12月，因日本警察在东京大地震期间残杀中国留学生和华侨60多人，刘彦和王正廷、沈其昌奉派为赴日专使，到日本调查真相。归国后，刘彦当选为参议院外交委员会主席。北伐战争时期，他将《中国近时外交史》和《欧战期间中日交涉史》修订合编为《帝国主义压迫中国史》，于1927年8月由上海太平洋书店出版，绪论中称："中国民族运动不发则已，一经勃发，以四万万民众之觉醒，非任何帝国主义之炮火政策所能抵御，终必被驱逐而后已。"后来刘彦还著有《最近三十年中国外交史》和《被侵害之中国》等书，他历任北京法政大学校长，北平大学、清华大学、朝阳大学、天主教辅仁大学的外交史、法学教授十余年。后任北平民国学院政治系主任兼教务长，1937年全面抗日战争爆发，民国学院南迁湖南长沙，1939年辗转迁至溆浦改称民国大学，刘彦任代理校长，1941年病逝于沅江。①

刘彦从外交史角度建构民族国家的"历史记忆"，他的多本著作可谓中国外交史开山之作，皆以革命宣传、民族主义为主轴，影响极为深远。民国初年一些革命党的宣传书刊，如指控袁世凯在"二十一条"交涉时对日让步出卖国权，换取日本支持帝制；指控北洋军阀卖国，签订中日密约，导致巴黎和会山东问题外交失败；指控北洋政府"外崇国信"尊重中外条约为丧权辱国，强调广州政府主张"反帝废约"的"革命外交"才是爱国……这些以外交史为名的著作，基本上沿袭了刘彦著作的路子。

清末民初来华西方人士的中国外交史研究，是从海关、传教士及外交官三个系统开始，逐渐联系在一起。主要是"海关学派"，1861年中国新式海关建立后，聘用了许多洋员，建立翔实可靠的海关档案。海关洋员中有些人使用海关史料写了海关史，也参照英国外交文书写了比较翔实的晚清中国外交史，从外部的视角考察中国的对外关系。

其中最重要的是马士（Hosea Ballou Morse，1855—1934），原籍美国，1874年哈佛大学毕业，进入中国海关在上海学中文。先在津海关、伦敦办事处任职，1885年任招商局顾问，1892年任淡水关副税务司，1896年后历任龙州关、北海关、岳州关税务司，1903年任上海总税务司署

---

① 参见罗文华：《刘彦和他的外交史著作》，《求索》1987年第5期。

统计局秘书，1909 年因健康原因辞职，住在英格兰加入英国籍，致力于远东、中国史研究，最著名的著作是 1910、1918 年出版的 *The International Relations of the Chinese Empire*。① 此书分为三卷，将清末国际关系分为三个阶段：1834—1860 年英法联军攻占北京前为第一阶段，是中西双方的冲突时期（Period of Conflict）；1861—1893 年甲午战争之前为顺从时期（Period of Submission）；1894—1911 年是臣属时期（Period of Subjection）。此书被日本学者坂野正高誉为 1834—1911 中国对外关系史详细的研究，除使用了《澳门月报》等杂志上所发表的中国政府公文和官员命令的英译之外，基本上没有使用中文档案，只用西文资料被讥为"蓝皮书历史"（因为英国外交部 Foreign Office 档案一向以蓝色书皮装订，故在 1930 年代一般把英国 FO 档案统称为"蓝皮书"）是其缺点，但对贸易史非常熟悉，也提及许多政治史和制度史，叙述简明、史观冷彻，是一本很有用的书，尤其以 1834—1860 年为对象的第一卷最好。② 该书出版之后立即成为研究中国近代史，特别是对外关系史最主要的参考物，西方学者许多新的研究都是在马士的基础之上做局部的补充。

---

① H. B. Morse, *The International Relations of the Chinese Empire*, 3 vols, Shanghai, etc.：Kelly and Walsh, 1910, 1918. 中译本见：张汇文等译：《中华帝国对外关系史》，第一卷，北京：生活·读书·新知三联书店，1957；三卷本，上海：上海书店出版社，2000。
② 坂野正高：《近代中国政治外交史——ヴァスコ·ダ·ガマから五四运动まで》（東京：東京大学出版会，1973），中译本见：陈鹏仁、刘崇棱译：《近代中国政治外交史》，台北：台湾商务印书馆，2005，第 452 页。

近年大陆学者也高度评价此书称：马士在吸取汉学研究的长处，尽可能照顾到细节的同时，又力避其短，既尽可能多地利用原始档案材料，又努力增加文字的可读性，加强理论分析与总结，使读者可以较容易地把握历史发展的主线索。再加上马士个人在中国海关长期服役所积累起来的、一般职业历史学家所缺少的实际经验，使得其著作在出版之后很快成为有关近代中国史特别是国际关系史方面的"标准读本"。书中提出有关中国近代史的基本框架，成为此后国际学术界有关中国近代史研究的标准框架，书中所收集提供的大量文献，至今仍为研究者所称道。①

其后，马士与宓亨利（H. F. MacNair，1891—1947）合著的《远东国际关系》（*Far Eastern International Relations*），是以马士前书为底本，宓亨利所写的教科书。② 写到 1931 年 5 月左右，作为一般读物，比马士的那三大本有趣，常常被用为上课的蓝本。

法国著名汉学家高第（H. Cordier，1849—1925）所著三卷本《1860—1900 年中国与西方列强关系史》（*Histoire des relations de la Chine avec les Puissances 1860‑1900*）③ 也是名著，书中引用了大量档案，特别是法国方面的档案，但很少做分析，坂野正高认为，其视野比马士狭窄，有自

---

① 王宪明：《蒋廷黻著〈中国近代史〉学术影响源探析——以所受"新史学"及马士的影响为中心》，《河北学刊》第 24 卷第 4 期，2004 年 7 月。

② H. B. Morse and H. F. MacNair, *Far Eastern International Relations*, 2nd ed., Boston: Houghton Mifflin, 1931.

③ H. Cordier, *Histoire des relations de la Chine avec les puissances 1860‑1900*, 3 vols., Paris: Felix Alcan, 1901 & 1902.

吹其国家之嫌，有其癖，不好使用，但引用许多法国保存的记录，内容极为详细，作通史颇有益处。[1]

美国学者波赖（Robert Pollard）的《最近中国外交关系》（*China's Foreign Relations*，*1917—1931*），在马士三阶段说之后，称 1917—1931 年为中国的"收回国权时代"（Period of Recovery），此书论证翔实，分期观点被广泛引用。[2]

日本也有清末至民国的中国外交史及国际政治史研究的传承，如植田捷雄、卫藤沈吉、坂野正高等，最重要的应系坂野正高（1916—1985）。[3] 坂野正高 1942 年毕业于东京大学法学部，师从植田捷雄，他的研究利用了外文和中文史料，并汲取政治学的观点，不局限于外交及国际政治史，自称特别重视由政治视角观察外交，尝略带自嘲地概括其名著《近代中国政治外交史》的特色，在于继承织田万《清国行政法》，"以历史学家尔后的特殊研究成果以补充这个长编之所论，以政治社会学的手法予以现代化，以简而

---

① 坂野正高：《近代中国政治外交史》，第 452—453 页。

② Robert Pollard, *China's Foreign Relations, 1917 - 1931*, New York: Macmillan, 1933. 中译本见波赖著，曹明道译：《最近中国外交关系》，南京：正中书局，1935。后来坂野正高也沿用此说，见坂野正高，《第一次大戦から五卅まで——国権回収運動覚書》（植田捷雄编《現代中国を繞る世界の外交》，東京：野村書店，1951）。

③ 坂野正高因父亲工作关系，出生于纽约，1922 年回日本，1942 年毕业于东京大学法学部，担任教职，后来成为东京大学教授。著有 *China and the West, 1858 - 1861: the Origins of the Tsungli Yamen*, Cambridge Mass.: Harvard University Press, 1964；《近代中国政治外交史——ヴァスコ・ダ・ガマから五四運動まで》，東京：東京大学出版会，1973。

要的形式，引进自己外交史研究，应该是中国史研究者的任务，这是笔者心中的愿望与自负"。① 此书之附录"文献导读"，取材甚广，评论精到，至今仍具有高度参考价值。

坂野与美国学者费正清（John King Fairbank）交往密切，与费正清一样开设轮读《筹办夷务始末》的研究班，并前往郭廷以主持的台湾"中研院"近代史研究所阅读《外交档案》，带领了一批中国对外关系史研究的下一代研究者。此后，师从费正清的平野健一郎回日本执教，日本的东亚国际政治史研究新环境逐渐形成。但是本来就遭受革命史观批评的外交史，随着历史学逐渐偏向社会史与地域史后更趋衰微。②

清末民初，兰克史学透过日本及欧美两个途径传入中国。兰克史学在 19 世纪备受尊重，1886 年日本政府聘请兰克的再传弟子利斯（Ludwig Riess），以东京帝国大学国史科和史料编纂所为中心，形成日本实证主义史学的基本阵容，成为近代日本史学的主流和正统。然而因对兰克体系中的历史哲学的忽视，变成一味强调客观公正的史学，并通过留日的中国学人传入中国，如 1902 年汪荣宝根据坪井九马三《史学研究法》等编写《史学概论》。③ 留美的何炳松推介鲁滨逊新史学，也变相受兰克客观主义影响。胡

① 坂野正高：《近代中国政治外交史》后记，第 521 页。
② 川岛真：《20 世纪以来中国外交史研究：以日本为中心》，《社会科学研究》，2011 年第 1 期，第 139 页。
③ 易兰：《兰克史学研究》，第 292—295 页。

适回国后提倡"有几分证据，说几分话"，对顾颉刚、傅斯年史学思想影响很大。

黄克武最近的研究指出，近年学界注意到梁启超在"带领着中国史学步上近代史学的正轨"的过程中，扮演着重要的角色。他兼受中国传统、日本及欧洲影响，主张以科学、实证的方法作为获得客观的、正确的历史知识之保证，成为近代中国的"科学史学""实证史学""客观史学"的先驱之一。他早年受康有为今文经学的刺激而接受进化史观，清季流亡日本，受福泽谕吉、浮田和民等人的影响，有了进步思想、民族主义与科学方法的观念。至 1920 年代，梁氏成熟期的想法主要源自兰克史学，1919—1920 年梁启超赴欧洲游历，归国之后编成《中国历史研究法》，对于史料的分类、阐释与史迹之论次都有独特的看法，大多是受到法国史家朗格诺瓦（Charles V. Langlois）、瑟诺博司（Charles Seignobos）1897 年所著《史学原论》，以及德国学者伯伦汉在 1905 年刊行的《史学入门》等书的影响，这些书均传授兰克史学，强调对事实的考证与批判，以恢复历史的本来面目。梁启超所引介的兰克史学，突出其实证主义的一面，忽略了兰克受到历史主义、国家主义及基督教之影响的面向。近代中国其他历史学者在引介兰克史学时，也多半与梁启超类似，把兰克学派视为实证史学的代表。[①]

---

① 黄克武：《文字奇功——梁启超与中国学术思想的现代诠释》，桂林：广西师范大学出版社，2024，第 218—220 页。

黄克武敏锐地指出，梁启超对近代中国科学史学、实证史学的反省是开创性的，他在中国近代史学发展过程之中，首开其例"以科学方法复兴古学，重振中国"，"并从进化论的观点出发，重新解释中国历史的演变"。但是梁启超的史学思想也带有对科学史学的批判，他认为科学方法有助于求真、实事求是，但无法完全解释历史现象"为什么如此"，或者知道"历史其物"。由于个人"自由意志"在历史中所起的作用，历史不完全受因果律的支配，也无法完全依靠归纳法来加以研究；而且历史发展并非一致性的单线前进，而是部分进化、部分循环的，科学史学有见树不见林的缺点；加以科学知识只是人类知识的一部分，不应将其他的知识排斥在外。相对于傅斯年所强调的"史料即史学"的立场，梁启超重视解释、综合的功夫，并讲究历史资鉴的功能，这充分反映出他与民国初年声势浩大的科学史学派已分道扬镳。这样的观点，与钱穆所主张的"考史""著史"，以及力图从历史演变过程之中发现"精神""意义"的观点，反而比较接近。陈寅恪强调在考证之后要能"综合贯通，成一有系统之论述"。余英时也延续此一路向，呼吁在审慎鉴别史实的基础之上，"也应有一个综合的观念"，应注意到历史与人生的关系，并自觉到自己的主观性。梁启超的史学思想正是这一思路的重要源头。①

　　傅斯年可称是最著名的"兰克史学"倡导者，1927 年

---

① 黄克武：《文字奇功——梁启超与中国学术思想的现代诠释》，第 225—241 页。

他结束了七年的欧洲留学生活返国，就任中山大学文科主任，创办中山大学语言历史研究所，在《语言历史学研究所周刊》发刊词中，他高举"史学即是史料学"的大旗云："我们要打破以前学术界上的一切偶像，屏除以前学术界上的一切成见！我们要实地搜罗材料，到民众中寻方言，到古文化的遗址去发掘，到各种的人间社会去采风问俗，建设许多的新学问！"[①] 次年创办历史语言研究所，傅斯年发表《历史语言研究所工作之旨趣》云："此项旨趣，约而言之，即扩充材料，扩充工具，以工具之施用，成材料之整理，乃得问题之解决，并因问题之解决引出新问题，更要求材料与工具之扩充。如是伸张，乃向科学成就之路。"[②] 声称"一分材料出一分货，十分材料出十分货，没有材料便不出货"。傅斯年强调"证而不疏"，反对道德判断、主张"史料即史学"。[③]

罗家伦（1897—1969）则可能是第一个倡导用科学方法研究中国近代史者。他是浙江绍兴人，字志希，1914 年入上海复旦公学，1917 年入北京大学，与傅斯年等创《新潮》月刊，五四运动时为学生领袖，撰写了脍炙人口的《北京学界宣言》。1920 年赴美留学普林斯顿大学、哥伦比亚大学，结识蒋廷黻。他出国原是为学习西方历史哲学，希望归国后

---

① 傅斯年：《国立第一中山大学语言历史学研究所周刊发刊词》，《国立第一中山大学语言历史学研究所周刊》第 1 集第 1 期，1927 年 11 月。
② 傅斯年，《历史语言研究所工作之旨趣》，《国立中央研究院历史语言研究所集刊》第 1 本第 1 分，1928 年 10 月。
③ 引自易兰：《兰克史学研究》，第 300—304 页。

能够导正国内唯物史观研究风气，然而哥大求学期间，中国相继发生重大外交事件与变局，让他开始思考中国国际地位和未来，转向中国近代史研究。当时蒋廷黻正深感"作为欧洲帝国主义牺牲品的中国"，[1] 两人在哥伦比亚大学常讨论中国史学及研究方法。蒋廷黻晚年对郭廷以说："最早赏识我，劝我做中国近代史研究工作的人是罗志希。"[2]

1922 年罗家伦赴伦敦大学与傅斯年一起学习，1923 年冬赴柏林大学，1925 年入巴黎大学、牛津大学，1926 年提出中国近代史研究计划，8 月回国，任教于东南大学历史系。1927 年 4 月被蒋介石任命为北伐军总司令部参议，8 月参与中央党务学校的筹办，蒋介石下野后，受命代理校务。1928 年 6 月北伐成功，8 月清华学校更名为国立清华大学，罗家伦被任命为校长，后来历任党政学各要职，最后病逝于台湾地区。

罗家伦在 1930 年发表《研究中国近代史的意义和方法》，正式揭橥研究近代中国历史的原则，有学者认为此文堪比傅斯年的《历史语言研究所工作之旨趣》。罗氏明确指出中国近代史的特色是中国加入国际世界，倡导以科学精神看待中国近代史，主张由编订中国近代史料丛书下手。[3]

---

[1] 林志宏：《蒋廷黻、罗家伦、郭廷以：建立"科学的中国近代史"及其诠释》，台北《思与言》第 42 卷第 4 期，2004 年 12 月，第 44—51 页。

[2] 罗家伦：《坛坫风凄——凭吊蒋廷黻先生》，《罗家伦先生文存》，台北："国史馆"，1976，第 10 册"记传"，第 193 页。

[3] 罗家伦：《研究中国近代史的意义和方法》，《武汉大学社会科学季刊》，第 2 卷第 1 期，1930 年 3 月，第 148、166 页。引自赵庆云：《创榛辟莽》，北京：社会科学文献出版社，2019，第 147 页。

中国近代史研究于焉迈向科学化的第一步。

民国时期的中国近代史研究，实以中外关系史为中心，蒋廷黻受美人马士的《中华帝国对外关系史》一书影响，视外交史为"中国近代史的最重要方面"，[①] 内政兴革仅为外交的反应，其《中国近代史》实际上可以看作《外交史大纲》。[②] 金毓黻且认为："近百年内，中国内政鲜有可述，对外关系，实居主位。"[③] 因而，范文澜对蒋廷黻虽多有批判，在新中国成立后，却实际上承续了重视近代中外关系史研究之传统，只是名之为"帝国主义侵华史"。[④]

二、 中国外交史学术化的开拓者——蒋廷黻

蒋廷黻（1895—1965）湖南邵阳人，读过私塾，1905年废科举后改读教会学校，学习英文及西学。1912年赴美留学，先在密苏里州派克维尔（Parkville）派克学堂（Park Academy）半工半读，1913年得到湖南省政府公费，生活改善。1914年进入欧柏林学院（Oberlin College），公费取消，他得到美国友人资助，并再次半工半读，后来申请到清华的半公费。1918年夏毕业，响应基督教青年会

---

① 蒋廷黻：《清季外交史料》序，《蒋廷黻选集》，第三册，台北：传记文学出版社，1978，第439页。
② 王聿均：《蒋廷黻先生对中国近代史研究的倡导》，台北《近代中国史研究通讯》1986年第1期，第22页。
③ 金毓黻：《中国史学史》，石家庄：河北教育出版社，2003，第346页。
④ 本段引自赵庆云：《创榛辟莽》，第74页。

（YMCA）倡议，到法国为欧战华工服务一年，不久欧战停火、巴黎和会召开，他关注山东问题，因有朋友在中国代表团中，得知一些内幕，对威尔逊颇有不满。1919 年蒋廷黻返美进入哥伦比亚大学（Columbia University）读研究所，从新闻转到政治最后再转到历史，并在"欧洲的扩张"课程上萌生了"中国是欧洲帝国主义的受害者"的想法。他在海斯（Carlton J. H. Hayes）教授指导下，撰写题为《1880 年以后英国工党及帝国主义的反应》的博士论文。华盛顿会议期间，中国留学生组织了监督中国代表团的委员会，他是委员之一。1923 年取得博士学位后回国。①

　　蒋廷黻在南开大学任教六年，主要教授西洋史课程，但他对中国外交史研究更有兴趣。他在美国念研究所时，读了马士的三卷《中华帝国对外关系史》，到南开教课时发现这套书的观点是片面的，对英国在华外交活动描述详细，但对参加鸦片战争及英法联军和谈的中国人的描述模糊不清：这些人当时对问题的看法究竟如何？他们提出过意见吗？19 世纪中国的外交观点如何？这些问题都令蒋廷黻感到困扰，他想根据中国史料来研究中国外交史，于是决心尽快学好中文，并研究 19 世纪中国国际关系。② 蒋廷黻从整编清代历史文献入手，虽然南开经费困难，校长张伯苓仍肯拨款购置已出版的史料，并得到经济学家何廉资助购

① 参见江勇振：《蒋廷黻：从史学家到联合国席次保卫战的外交官》，台北：联经出版事业公司，2021，第一章。
② 蒋廷黻著，谢忠琏译：《蒋廷黻回忆录》，北京：东方出版社，2011，第 103—105 页。

书与鼓励，约在 1927 年编就《近代外交史资料辑要》稿本，油印给学生。① 他做了专门研究并讲授"百年的外交"，用不同的方式向南开学生讲过三遍，向清华学生讲过五遍，向北大学生讲过两遍。②

蒋廷黻在南开时期发表了十多篇文章，有些是政论性的，如在《现代评论》上发表《统一方法的讨论》；有些与历史学科改革相关，如 1925 年 12 月发表《现今史家的制度改革观》，提倡科学的史学，可以成为社会工程学来改造社会。③ 有几篇讨论中国外交史的文章，如 1928 年两篇演讲记录《中日俄与东三省》《二十一条的背景》，1929 年两篇发表在英美期刊的英文论文《1860 年的中国、英国与俄国》《中国在 1859 年 6 月 25 日大沽战胜之后》，可代表他使用中国史料研究中国外交史的开端，堪称是中国外交史学术研究的拓荒之作。④

罗家伦于 1926 年回国，担任东南大学历史系教授，讲授"中国近代史"，1928 年任清华大学校长，延揽了东南大学的学生郭廷以去协助行政工作。罗家伦与蒋廷黻在美国哥

① 蒋廷黻：《自序》，《近代中国外交史资料辑要》，中卷，上海：商务印书馆，1934。《郭廷以口述自传》，北京：中国大百科全书出版社，2008，第 140 页。
② 蒋廷黻：《再论近百年的外交》，《新经济》，第 1 卷第 7 期，1939，第 180—181 页。引自江勇振：《蒋廷黻》，第 77 页。
③ 江勇振：《蒋廷黻》，第 78—85 页。
④ 蒋廷黻讲，乐永庆记录：《言论：中日俄与东三省》，《南开大学周刊》，第 63 期，1928，第 11—17 页。蒋廷黻讲，张毓鹏笔记：《余墨：二十一条的背景》，《国立清华大学校刊》，第 19 期，1928，第 2—3 页。T. S. [F.] Tsiang, "China, England and Russia in 1860," *Cambridge History Journal*, 3.1(1929), pp. 112 - 121. T. F. Tsiang, "Documents: China after the victory of Taku, June 25, 1859," *The American Historical Review*, 35.1 (October, 1929), pp. 79 - 84. 皆引自江勇振：《蒋廷黻》，第 90—92 页。

伦比亚大学时就已熟识，两人对中国近代史研究都有抱负，加以郭廷以的推介，就把蒋氏聘到清华任教。郭廷以回忆称："我到清华后，发现一份《近代外交史辑要》油印本，两百多页，没有印作者姓名，但觉得有头绪，有体系，我问刘崇铉，他说'可能是蒋廷黻的。'打听果然是他的，我拿去对罗先生说：'这个很值得请。'罗先生立即写信请他，蒋大为高兴。"[1]

1929 年蒋廷黻到清华大学任教并担任历史系主任。他参与大学的规划，推动人文社会科学的中国化，又大力改革历史系，聘任年轻教授，引进社会科学观念，用新方法教学，很快将该系建设成中国最优秀的历史系，培养了下一代的历史工作者。[2]

清华时期是蒋廷黻学术生涯的巅峰，他自称："清华五年实在是够刺激的，可以说我是发现了一个新大陆——中国近代史。我努力工作，有时因为得到伟大的发现而高兴，有时因遭遇到想不到的困难而失望。我继续研究中国外交史，同时又出版两卷编纂资料。"[3]

这段时间，蒋廷黻除书评、政论、演讲、辩论等不计外，出版了学术论文中文四篇，英文八篇。除了《最近三百年东北外患史》（《清华学报》第 8 卷第 1 期，1932）、《中国与近代世界的大变局》（《清华学报》第 9 卷第 4 期，

---

① 张朋园等：《郭廷以先生访问记录》，台北："中研院"近代史研究所，1987，第 192 页。
② 江勇振：《蒋廷黻》，第 97 页。
③ 蒋廷黻：《蒋廷黻回忆录》，第 140 页。

1934）两篇使用中外文二手研究成果的通论性文章外，其他都是以《筹办夷务始末》等第一手史料写成的学术论文，罗列如下：

《琦善与鸦片战争》，《清华学报》第 6 卷第 3 期，1931 年。

《道光朝筹办夷务始末之史料的价值》，《清华周刊》，第 37 卷第 9/10 期，1932，第 5—14 页。

T. F. Tsiang, "New Light on Chinese Diplomacy,"（《中国外交史的新资料》）*The Journal of Modern History*, 3.4 (December, 1931), pp. 578 - 591.

T. F. Tsiang, "Origins of the Tsungli Yamen,"（《总理衙门的起源》）*The Chinese Social and Political Science Review*, XV.1 (April 1931), pp. 92 - 97.

T. F. Tsiang, "Bismarck and the Introduction of International Law into China,"（《俾斯麦与国际法的输入中国》）*The Chinese Social and Political Science Review*, XV.1 (April 1931), pp. 98 - 101.

T. F. Tsiang, "The Secret Plan of 1858,"（《咸丰八年的"内定办法"》）*The Chinese Social and Political Science Review*, XV.2 (July 1931), pp. 291 - 299.

T. F. Tsiang, "The Extension of Equal Commercial Privileges to Other Nations than the British after the Treaty of Nanking,"（《南京条约签订后的最惠国待遇条款》）

The Chinese Social and Political Science Review，ⅩⅤ.3 (October 1931)，pp. 422 - 444.

T. F. Tsiang, "The Government and the Co-hong of Canton,"（《政府与广东的公行》）*The Chinese Social and Political Science Review*，ⅩⅤ.4（January 1932），pp. 602 - 607.

T. F. Tsiang, "The Difficulties of Reconstruction After the Treaty of Nanking,"（《南京条约之后重建的困难》）*The Chinese Social and Political Science Review*，ⅩⅥ.2 (July 1932)，pp. 319 - 327.

T. F. Tsiang, "Sino-Japanese Diplomatic Relations, 1870 - 1894,"（《中日外交关系，1870—1894》）*The Chinese Social and Political Science Review*，ⅩⅦ.1 (April 1933)，pp. 1 - 106.[1]

蒋氏自认为："研究历史的结果修正了固有的观念，清末一百年间处理中国事务的领导人，不论满汉，并非像过去出版物所渲染的全是坏得不可救药的。"[2]

蒋廷黻另一大学术贡献是编印及促进外交史料的出版，尤其是《筹办夷务始末》。[3] 清政府自咸丰年间开始编纂《道光朝筹办夷务始末》，直到清末又陆续编纂了咸丰、同

---

① 江勇振：《蒋廷黻》，第104—105 页。
② 蒋廷黻：《蒋廷黻回忆录》，第140 页。
③ 参见张志云、侯彦伯、范毅军：《了解中西交往的关键史料——〈筹办夷务始末〉的编纂与流布》，台北《古今论衡》，第24 期，2013 年6 月。

治、光绪朝始末，藏之内府，咸、同、光三朝始末有录副，而光绪朝始末刚编成，知者甚少。后来王彦威借职务之便，录副了四朝始末，与其子王亮据光绪始末编成《清季外交史料》。这两套重要外交史料汇编，皆于 1930 年代复印出版，可称是中国近代史研究划时代的大事，[①] 此事与蒋廷黻有密切关联。

据张志云等的研究，《三朝筹办夷务始末》（以下简称《三朝始末》）之流传有两条脉络：一是 1926 年 1 月北京故宫博物院文献馆把军机处档案移至景山西大高殿存放，次年开放供历史学家阅览，而《三朝始末》即典藏其中，唯鲜有知者；二是藏在王亮寓中其父王彦威的钞本。蒋廷黻于 1928 年秋，经北平图书馆主任袁同礼介绍，向王亮借了一部分参阅，立即察觉其史料价值极高。蒋氏急于要为南开图书馆弄到这份资料，但物主开价 3000 银元，实在买不起。1929 年蒋氏到清华后，可以自由支配经费购买书籍和资料，就想要买上述那份资料。但蒋氏到北平后常赴大高殿，有一天和某保管人闲谈，后者拿出《三朝始末》内务府稿本，经蒋氏鉴定，证明大高殿本才是原本，立即建议故宫博物院当局将其影印，故宫博物院采纳此议，发行影印本，每套售价 100 银元。[②]

蒋氏在《道光朝筹办夷务始末之史料的价值》文中评

---

① 郭廷以：《序》，"中央研究院"近代史研究所编，《道光咸丰两朝筹办夷务始末补遗》，台北："中研院"近代史研究所，1966，第 1—2 页。
② 蒋廷黻：《筹办夷务始末补遗》，北京：北京大学出版社，1988，第 2 册，《序》，第 1 页。蒋廷黻：《蒋廷黻回忆录》，第 104 页。张志云、侯彦伯、范毅军：《了解中西交往的关键史料——〈筹办夷务始末〉的编纂与流布》，第 87—88 页。

价云，在故宫博物院刊印《筹办夷务始末》以前，除外交部的各朝条约以外，中国政府并无有系统的外交文件发表。私人文集中有关外交的虽然不少，但都太零碎。有些晚清涉外的中文奏折已被译成英文发表，以便国外学者研究，经其检视后，发现多数英译文件之原本均在《道光朝筹办夷务始末》中，故蒋氏主张："假设现在所出版的夷务始末能把它译成英文或法文，那么对西方学者的价值，或竟比以往原文对中国学者的价值还大一些。"[①]

在上文中，蒋廷黻认为中国并非仅为"被动的受害者"，"帝国主义或者殖民主义的受害者用自己的力量来转变这种局面，扭转这种过程，至少能达到用平等、互惠的关系来代替受帝国主义支配"。半个世纪后，费正清在回忆录中，高度评价蒋氏心平气和、就事论事的研究态度，并称，蒋廷黻创立了一套课程，开设有关亚洲主要地区的讲座，包括举办研究生专题讨论培训班。像韦伯斯特一样，他把历史知识看作国家间外交与和平的陪衬，他渴求建立中国一面的档案，务必要超过马士的"蓝皮书历史"。当他发现清政府在1842年对英国人究竟想干什么等问题是多么无知时，他感到震惊，撰写英文论文投寄英美杂志，论证这些新发现的中国文件能够提供什么。[②]

---

① 蒋廷黻：《道光朝筹办夷务始末之史料的价值》，《清华周刊》，第37卷第9/10期，1932，第5—14页。
② J. K. Fairbank, *Chinabound: A Fifty-year Memoir*, New York: Harper & Row, 1982, p. 88. 中译本见费正清著，陆惠勤等译：《费正清对华回忆录》，上海：知识出版社，1991，第100—101页。张志云、侯彦伯、范毅军：《了解中西交往的关键史料——〈筹办夷务始末〉的编纂与流布》，第88—90页。

蒋廷黻发现《道光朝筹办夷务始末》始自道光十六年四月，缺了前半段，他从1929年秋到1931年秋，每星期带领抄写者到大高殿工作一日，上午先看随手档，编就所要文件之目录，让抄写者抄写，然后校对抄写者之抄本，校对时，抄写者诵读原文，廷黻则阅其抄本。[①] 前后抄录了由道光元年一月二日始至同治四年六月十九日的相关文件，计有原档道光朝1052件、咸丰朝529件、同治朝425件，共2006件。文件集中于教案、海关、贸易、铸钱等事由，弥补了《三朝始末》中欠缺的社会、经济与文化史料，编辑成《筹办夷务始末补遗》（以下简称《始末补遗》）稿本。[②] "九一八"事变爆发后，军机处档案从北平运往南方，蒋氏被迫中止《始末补遗》的编辑工作，日后又因抗战全面爆发，清华大华图书馆被日军炮火击毁，藏于该处的《始末补遗》17册稿本下落不明。

1930年代初，大批晚清中国外交史料刊布，除了《三朝始末》外，故宫博物院又陆续出版了《清代外交史料》（嘉庆、道光）、《清光绪朝中日交涉史料》（1875—1905）、《清光绪朝中法交涉史料》（1875—1885）、《清宣统朝中日交涉史料》、《文献丛编》、《史料旬刊》等，此外还有王彦威、王亮编的《清季外交史料》（光绪、宣统，1875—1911）出版，对晚清外交史研究的推展有很大的助益。

---

① 蒋廷黻，《序》，蒋廷黻编：《筹办夷务始末补遗》，北京：北京大学出版社，1988，第2册，第2—4页。
② 张志云、侯彦伯、范毅军：《了解中西交往的关键史料——〈筹办夷务始末〉的编纂与流布》，第91页。

蒋廷黻刚回国就立志写一本近百年中国史，有意花十年功夫撰写一部超越马士的著作，为突破史料上的局限，先从编撰出版外交史资料下手。他在南开时就努力搜罗外交史料，已编辑并有油印本。到清华后增添《三朝始末》及在大高殿抄录的档案，并加了英文人名、标点符号、阳历日期及朱批附注，编辑出版了《近代中国外交史资料辑要》上卷、中卷（上海商务印书馆，1931、1934）。[1] 这可说是第一部不靠英国蓝皮书等外国文件编就的外交史资料，后人将此工作与胡适为中国哲学史开山相提并论，称蒋氏为"替中国外交史导航的人"。[2]

蒋廷黻在上卷自序中提出他对中国外交史研究的基本看法云：

外交史，虽然是外交史，仍是历史。研究外交史，不是做宣传，也不是办外交，是研究历史。历史学自有其纪律，这纪律的初步就是注重历史的资料。资料分两种：一种是原料（Primary Source），一种是次料（Secondary Source）。简略说，原料是在事的人关于所在的事所写的文书或纪录，次料是事外的人的撰著。原料不尽可信，次料非尽不可信。比较说，原料可信的程度在次料之上。所以研究历史者，必须从原料

---

① 张志云、侯彦伯、范毅军：《了解中西交往的关键史料——〈筹办夷务始末〉的编纂与流布》，第 92 页。
② 李敖：《蒋廷黻和他走的路》，台北：远流出版公司，1986，第 83 页。戴海斌：《邵循正史学三题》，《历史教学问题》2022 年第 5 期，第 52 页。

下手。

外交史的特别在于它的国际性质，一切外交问题，少则牵连两国，多则牵连数十国。研究外交史者必须搜集凡有关系的各方面的材料，根据一国政府的公文来论外交，等于专听一面之词来判讼。关于中国外交的著作，不分中外，大部分就犯了这个毛病。西人姑置不论，中国学者所写的中国外交史有几部不是以英国蓝皮书为主要资料呢？……

就中国外交史现在的学术状况而言，前途的努力当从两方面下手。甲午以前，我们当特别注重中国方面的资料，因为中日战争以前，外国方面的史料已经过相当的研究，又因为彼时中国的外交尚保存相当的自主，我们若切实在中国方面的资料上用一番功夫，定能对学术有所贡献。甲午以后，中国外交完全丧失了自主权，北京的态度如何往往不关紧要，关紧要的是圣彼得堡、柏林、巴黎、华盛顿及东京间如何妥协或如何牵制。加之近数年来西洋各国政府及政界要人对于欧战前二十余年之外交，多有新材料的贡献，内中有关中国而未经过学者的研究的颇不少，这种工作正待余人的努力。

因以上各种原故，我编了这部书。上中二卷，专论中、日之战以前的历史，材料专采自中国方面。下卷论《下关条约》以后的历史，材料则中外兼收。

本书选择材料的准标有三：（一）择其信：比较可

信的即上文所谓原料。……（二）择其要：……本书专收要案中知内情的文书及纪录。（三）择其新：……本书偏重原料之有新知识的贡献者。

我编这书的动机不在说明外国如何欺压中国，不平等条约如何应该废除，我的动机全在要历史化中国外交史，学术化中国外交史。[①]

中卷原来在 1931 年"九一八"事变前已编好装订，但毁于上海战火。蒋氏依据原目录并辑录新出史料，重新编成 1862—1895 年间的资料辑要，他客观评价洋务运动的外交人物，反对过强的民族主义、革命史观，还注意到外交与文化的关系。自序写道：

那时候的人的世界知识固极有限，但他们得世界知识的机会亦极有限。无论如何"昏庸"两字不能做他们的头衔……他们的外交诚有可批评之处；这书内各章节的引论可以证明我不是盲目崇拜的，不过我们要记得，这些人实配做我们文化的代表，我们批评他们就是批评我们的文化，他们的失败就是我们文化的失败。……日本的亚洲孟罗主义……是日本所谓"大和民族的使命"，因为日本的外交有这个文化信条为背景，所以中日问题才这样的严重。除非我们的外交

---

① 蒋廷黻：《近代中国外交史资料辑要》上卷"自序"，1930 年 12 月 10 日。

得着相当文化信条为其后盾，我们的外交是不会有力的。①

这些话，今日读来依然掷地有声。

坂野正高评价蒋廷黻《近代中国外交史资料辑要》上卷、中卷称："作者是中国近代外交史学的开拓者，他大量运用 1930 年代初期开始能使用的清朝根本资料。他可以说是具有'悟性'思考方法，头脑极为清楚的学者。"②

蒋廷黻渴望阅读他国档案，1922 年苏俄公布《赤档》（*Krasnyi arkhiv*），即帝俄与西方国家在一战前签订的密约，蒋氏选辑了其中与中国相关的文件，由张禄翻译，1933 年发表于《国闻周报》。他自己又将其译为英文，于 1932—1933 年陆续发表在《中国社会政治科学学报》（*The Chinese Social and Political Science Review*）上。③ 蒋廷黻也在中国社会政治科学学会图书馆看到莫斯科"中央档案局"的档案里所选辑翻译出版的德译本《帝国主义时代的国际关系，1878—1917》，这部史料集至 1934 年已经出版到了第 5 集。1934 年暑假，蒋氏得清华大学补助，休假一年到欧洲看档案，先向苏联驻华大使提出想在莫斯科看的档案名单。他 8 月底到 11 月 10 日在莫斯科两个多月，苏联"中央档案局"只给他看了无关紧要的材料，几乎一无

---

① 蒋廷黻：《近代中国外交史资料辑要》中卷"自序"，1934 年 6 月 17 日。
② 坂野正高：《近代中国政治外交史》，第 453 页。
③ 江勇振：《蒋廷黻》，第 127 页。

所获。蒋氏在柏林也是什么都没看到。1935 年 3 月到伦敦，因 PRO 档案只公开到 1885 年，他想看 1885—1895 年的档案看不到，只看了 1885 年以前的部分，复印了 300 多个文件。[①]

1935 年 9 月他回到清华，11 月受蒋介石召见，旋即被任命为行政院政务处处长，结束了 12 年的教学研究生涯。中国外交史学术化的开拓者，在国难当头之际，投身政坛了。1938 年抗战初期，他在武汉利用两个月的空当，写了 5 万余字的《中国近代史大纲》，自称此书不过是"一个简略的初步报告"，却成为他最有名也最具影响力的著作，此后他再无时间与精力完成学术理想。李济认为，蒋氏的主要贡献在于"为中国近代史在这一时期建立了一个科学的基础，这个基础不只是建筑在若干原始材料上，更要紧的是他发展的几个基本观念，有了这些观念的运用，他才能把这一大堆原始资料点活了"。[②]

1948 年中央研究院选出第一届院士 81 人，其中人文组 28 人，与历史学相关获选者有：柳诒徵、陈寅恪、陈垣、傅斯年、胡适、顾颉刚、郭沫若、董作宾、李济、梁思成、梁思永等。1958 年在台北选出第二届院士，人文组的四位是姚从吾、劳榦、蒋廷黻、蒋硕杰，只有蒋廷黻一人为近代史领域。当时不少古代史学者对于近代史能否单

---

① 蒋廷黻：《欧洲几个档案馆》，《国立北平故宫博物院十周年纪念卷》，1935，第 55—58 页。引自江勇振：《蒋廷黻》，第 128—129 页。
② 李济：《回忆中的蒋廷黻先生——由天津八里台到美京双橡园》，引自戴海斌：《邵循正史学三题》，《历史教学问题》2022 年第 5 期，第 55 页。

独划为一门学科，很有意见，李济就说："蒋廷黻在学术上实无贡献。"郭廷以答道："蒋氏开风气之功与影响力终不可没。"① 1964 年蒋廷黻到南港近史所筹备处参观，郭廷以在中外来宾前介绍云："蒋先生是一个开山的人，近四十年来，蒋先生在这方面最大的贡献，是创新的风气，把中国近代史研究带入一个新的研究境界，特别是给我们新的方法。"②

三、 蒋廷黻的学生与学友

蒋廷黻担任清华历史系主任后，提出明确的治系方针：兼重中外历史。还要学生多学外国语文及其他人文学术，如政治、经济、哲学、文学、人类学。他从引领中国史学潮流的高度，培养一批中青年教师，至 1930 年代初，学界已普遍觉察清华史学教研的气象焕然一新。③

蒋氏鼓励学生进研究院，他指导研究生写的硕士论文就是按照他治中国外交史的方法进行的，如邵循正《中法越南关系始末》（1933）、王信忠《中日甲午战争之外交背

---

① 陆宝千等整理：《郭量宇先生日记残稿》，台北："中研院"近代史研究所，2012，1966 年 3 月 3 日，第 630 页。引自杨金华：《郭廷以与蒋廷黻学术交游新考》，台北《传记文学》第 124 卷第 2 期，2024 年 2 月，第 15 页。
② 刘凤翰：《蒋廷黻博士对中国近代史上几个问题的见解》，台北《传记文学》第 7 卷第 6 期，1965 年 12 月，第 27 页。引自杨金华：《郭廷以与蒋廷黻学术交游新考》，第 26 页。
③ 戴海斌：《邵循正史学三题》，第 53 页。

景》（1934）。① 蒋氏还鼓励学生学习日本、苏俄、蒙古、中国西藏地区、泰国及越南历史及相关外语，并鼓励他们出国深造，例如王信忠去学日本史、朱谦云研究苏联史、邵循正为准备将来研究蒙古史而赴巴黎学习波斯语和阿拉伯语，宋迪夏成了中国治外法权方面的权威。②

1. 邵循正（1909—1973）

邵循正，福州人，1926年考入清华大学政治系，主修国际法与国际关系，1930年毕业后入清华研究院史学研究部深造，师从蒋廷黻专攻中国近代史，所凭借的除了兼通英文和法文外，也在于国际法与国际关系专业的社会科学知识背景，这与蒋廷黻倡导的"历史与社会科学并重""西方史与中国史并重""考据与综合并重"的取向吻合。1933年邵循正研究院毕业，硕士学位论文《中法越南关系始末》被选入"清华大学研究院毕业论文丛刊"，两年后出版，堪称其成名之作。邵循正在研究院时期，除了学位论文外，还在天津《大公报·文学副刊》等国内主流学术评论平台上发表多篇书评，评论的对象中外著作兼有，不乏傅斯年、陈垣这样久已闻名学界的大人物，而且评论得相当中肯犀利。③

---

① 张寄谦：《邵循正史学成就探源——写在〈素馨集〉出版之际》，《近代史研究》1994年第6期，第175页。
② 蒋廷黻：《蒋廷黻回忆录》，第142—143页。
③ 戴海斌：《邵循正史学三题》，第52—59页。

1934 年邵循正以庚款派送法国，在巴黎法兰西学院、东方语言学院留学，跟随伯希和（Paul Pelliot）学习蒙古史，曾到德国柏林大学研究。1936 年归国后，在清华大学、国立西南联合大学任教，升任教授。1945 年应英国文化委员会邀请，任英国牛津大学访问教授，赴欧洲短期讲学。1946 年冬回国。

2. 费正清（John King Fairbank，1907—1991）

费正清可说是西方治中国外交史集大成者，他自威斯康星大学、哈佛大学毕业，1928 年在哈佛期间受英国韦伯斯特教授影响，决心利用即将出版的中国外交史料研究中国外交。1929 年他得罗德奖学金到英国牛津大学深造，途中被马士的三巨册著作启发，抵英后与马士会晤，对中国海关史产生浓厚兴趣。为掌握汉语使用中国文献，费正清1932 年到中国，经由韦伯斯特介绍会晤蒋廷黻，当蒋氏于大高殿抄录军机处随手档时，费正清也在旁协助整理。蒋、费两人相互交换《始末补遗》稿本及由马士赠予费正清的海关资料。[1]

费正清在清华研究院学习，旁听蒋廷黻的中国近代史课程，透过蒋氏的指点，费正清了解了《三朝始末》的重要性。他将《三朝始末》及英美档案、海关资料，结合马士与蒋廷黻的学术传承，用中英文史料做成一个新的中国

---

① 张志云、侯彦伯、范毅军：《了解中西交往的关键史料——〈筹办夷务始末〉的编纂与流布》，第 92 页。

外交史，并在蒋氏指导与支持下发表了以鸦片贸易为题的首次学术演讲。蒋氏还于1933年安排费正清在清华大学历史系兼课，让费氏度过罗德奖学金到期、申请延期被拒后的经济危机，并在学术上正式起步，与中国学界建立广泛联系，认识了郭廷以、邵循正、邓嗣禹等人。他在清华时期发表了一系列与博士论文相关的文章，如下：

"The Legalization of the Opium Trade before the Treaties of 1858," *Chinese Social and Political Science Review* 17,2(1933),215‑263;

"The Provisional System at Shanghai in 1853‑1854 (to be continued)," *Chinese Social and Political Science Review* 18,4(1935),455‑504;

"The Provisional System at Shanghai in 1853‑1854 (concluded)," *Chinese Social and Political Science Review* 19,1(1935),65‑124;

"The Creation of the Foreign Inspectorate of Customs at Shanghai (to be continued)," *Chinese Social and Political Science Review* 19,4(1936),469‑514;

"The Creation of the Foreign Inspectorate of Customs at Shanghai (concluded)," *Chinese Social and Political Science Review* 20,1(1936),42‑100;

"The Definition of the Foreign Inspector's Status," *Nankai Social and Economic Quarterly* 9,1(1936),125‑163.

1935 年费正清离开北平，向牛津提交博士论文《中国海关的起源，1850—1858》（*The Origin of the Chinese Maritime Customs Service, 1850‑1858*），1936 年 4 月通过答辩取得博士学位，到哈佛大学历史系任教，1941 年被征召到美国情报协调局，1942—1943 年在中国任美国战略情报局、驻华大使馆特别助理，1945—1946 年任美国新闻署驻华分署主任。1946 年回哈佛大学，1955 年得福特基金会（Ford Foundation）支持成立"东亚问题研究中心"，1961 年改名为"东亚研究中心"（East Asia Research Center），1977 年改为"费正清东亚研究中心"（John K. Fairbank Research Center）。在二战后的美国"几乎是单枪匹马地创造了现代中国研究的领域"。①

费正清出版过许多中国外交史著作，参照中、英、日、法、德、俄等各国外交档案，着力重建与诠释史实。重要著作有《中国沿海的贸易与外交》[*Trade and Diplomacy on the China Coast*（1953）]、《东亚文明：传统与变革》（原书为两本：*East Asia — the Great Tradition*，*East Asia — the Modern Transformation*）、《美国与中国》（*The U. S. and China*）等，编辑《剑桥中国史》（*Cambridge History of China*），并培养出许多博士在美国各大名校任教，对欧美中国近代史研究有巨大的影响力，也指导过不少中国学生，被誉为"哈佛学派"的掌门人。

---

① 美国哲学学会议事录，137，2（1993.6）：282。引自费慰梅著，成寒译：《林徽因与梁思成》"作者前记"，北京：法律出版社，2010，第 1 页。

费正清在学术上受蒋廷黻影响很深，研究费正清的埃文斯（Paul Evans）在评价蒋、费两人的交往时说道："虽然费正清效法蒋廷黻，他在中国近代史学界的地位还远比不上蒋氏所具有的权威性。"可惜蒋氏在1935年离开了学术界，费正清则孜孜于学，加以美国雄厚国力的支撑，最后超越了蒋氏在近代中国史研究中的地位。但费正清从未忘记蒋氏对他的启蒙，他于1972年访问北京时，向90名外交部听众演讲时说："如果我不表彰在40年前在清华大学师从蒋廷黻时，他的恩德和栽培，就无法开始我的演讲。"费正清的博士论文修改后出版，成为西方研究近代中国的开山之作。尔后费正清与邓嗣禹（Ssu-yü Teng）合编《冲击与回应》（*China's Response to the West: A Documentary Survey, 1839–1923*，1954），形成其影响学界深远的"西力冲击与中国回应论"。追本溯源，费正清对近现代中国史的理解，许多观点皆源自蒋氏对帝国主义在华影响以及中国扭转局面的力量之交互研究。蒋氏的史观辅以《三朝始末》的史料，成为费正清在哈佛大学开创近代中国史研究的基础。[1]

---

① 张志云、侯彦伯、范毅军：《了解中西交往的关键史料——〈筹办夷务始末〉的编纂与流布》，第93页。

3. 郭廷以（1904—1975）[①]

郭廷以，字量宇，河南舞阳县人，1918 年考入开封第二中学，五四前后加入"开封学生联合会"，1920 年初因为领导学潮，转学至南京高等师范附属中学。1923 年保送进入国立东南大学历史系，大学期间受业于刘经庶、柳诒徵、徐养秋、罗家伦等，接受了柳诒徵"不要受胡适影响不看旧书"的规劝，但没有走上正宗"南高派"的治史路径。

在他大三时罗家伦被聘入东南大学历史系，罗氏犀利的谈锋、崭新的观念，给他极大震撼，由此结下学术之缘，引领他进入近代史研究的天地。郭廷以坦承，在史学方面受罗家伦影响，主要体现在注意外国资料及研究近代史两方面。郭氏原来认为外国人写的中国史著作很肤浅，而罗家伦推介马士《中华帝国对外关系史》，他仔细阅读后，观感发生了变化："许多材料是我过去所没看到的，见解也未可厚非，不可轻视，观念改变了，开始注意外国资料。"郭廷以对马士的著作非常重视，此书是他课堂上为数不多的指定参考书目之一。[②]

罗家伦特别强调英国，认为"近百年史的研究最重要

---

① 此节多取材自戴海斌：《郭廷以与罗家伦、蒋廷黻的早期学术交往》，台北《传记文学》第 99 卷第 1 期，2011 年 7 月，第 16—24 页；戴海斌：《"中国近代史"学科之一页：郭廷以早期学行述略》，上海市社会科学界联合会编：《中国百年学术路——古今中西之间（1911—2011）》，上海：上海人民出版社 2011 年，第 45—55 页。
② 郭廷以：《郭廷以口述自传》，北京：中国大百科全书出版社，2009，第 108 页。《李恩涵先生访问记录》《刘敬坤先生访问记录》，陈仪深：《郭廷以先生门生故旧忆往录》，台北："中研院"近代史研究所，2004，第 215、461 页。

的是要研究英国"，郭廷以在东南大学毕业报告即以《英国在远东的发展》为题。郭廷以在大学时代的早期训练，奠定了他研究近代史的学术趣味和领域。1924年郭廷以加入中国国民党，1927年毕业后，经罗家伦介绍进入国民革命军政治部工作，后转入中央党务学校编译部。郭廷以大约自东南大学二年级开始学做读书笔记，由于近代史研究留有大片空白，无从依傍，他就从最基础的史料工作入手，做编年整理，从而完成最初的史学训练。往后渐渐将札记范围扩充至记录时事方面，北洋时期军事繁兴，郭廷以据能接触到的资料，随时记录内阁变迁、各省军队番号、驻防区变更、军官出身等等，并列出表格，这些工作成为"后来研究现代史的准备"。①

大学毕业后，郭廷以任职于国民革命军政治部，时值北伐战争发动，他以史家的敏感意识到这是一件"大事"，乃根据报刊逐日记"大事志"，据他自述："当时我收集资料的范围很广，标语也加以收藏，并记载了某年某月在某地某个机构贴出来的标语，由此很可发现军政方面变化的迹象。"民国大事志范围渐渐前推，"把清末至最近的近代史大事写出一个大概，对研究近代史有了一个骨架"。1928年春《清季史事日志初稿》由中央政治学校印行。②

1928年罗家伦任清华大学校长，延揽郭廷以入清华任职。郭氏刚开始做行政工作，负责文书与出版，后来和罗

---

① 郭廷以：《郭廷以口述自传》，第109页。
② 同上书，第112、123—125页。

家伦共同讲授"中国近代史",郭氏负责主讲"鸦片战争""魏源的海防思想""洋务运动"等题目,这是他从事近代史教学之始。郭廷以在清华结识了蒋廷黻,常与蒋氏结伴去大高殿查阅清朝档案,欣赏蒋氏前后数年"抄了两千件以上的文件","有天份,名气渐渐高起来,居然在《独立评论》发表政论,有写作的方法,有见解"。郭廷以在方法、观念上受蒋廷黻熏陶,更加坚定"历史研究应自史料入手"的研究路数。[①]

1930 年郭廷以离开清华,相继执教于河南大学、中央政治学校,至 1932 年应罗家伦之聘,回中央大学历史系任教至 1949 年。这段时间,郭廷以利用各地图书馆藏书,对手头已初具规模的"近代中国史长编"不断加以补充,覆盖的时间段上自 16 世纪中西关系,迄至民国时期。他选出其中相对成熟的部分,以《太平天国历法考订》《太平天国史事日志》独立成书,出版后轰动一时,奠立与简又文、罗尔纲鼎足而三的"太平天国史先驱大师"地位。[②]

至迟到 1939 年,《近代中国史事日志》已基本完成,并由中央大学制成排印本。但郭廷以精益求精,不愿匆忙定稿,加之抗战军兴,辗转耽搁,一直到 1963 年,才在台北由正中书局出版。当时《中华民国史事日志》也已初具规模,郭廷以的多位弟子张朋园、吕实强、陆宝千、陈存

---

① 《王聿均先生访问记录》,陈仪深:《郭廷以先生门生故旧忆往录》,第 6—7 页。郭廷以:《郭廷以口述自传》,第 140—141 页。
② 《王尔敏先生访问记录》,陈仪深:《郭廷以先生门生故旧忆往录》,第 173 页。

恭等人都有增补内容。郭氏晚年持续在美国各大学及国会图书馆搜集资料，逐日逐条增订，"到死还是没放弃"。至1979 年"郭先生去世四年后，近史所才在所长吕实强的主持下，出版郭先生的《中华民国史事日志》"。①

郭廷以出版过两大册《近代中国史》（长沙：商务印书馆，1940、1941 年），这两册各 600 多页的大书分别以早期中外关系、鸦片战争为主题，是着力于"史料之整辑排比"的文献集成。第一册"引论"收录了 1931 年罗家伦发表的《研究中国近代史的意义和方法》一文，论及"科学的近代史"的研究宗旨、方法及范围，直言"现在动手写中国近代史，还不到时候"，"要有科学的中国近代史——无论起于任何时代——非先有中国近代史料丛书的编订不可"。② 同书"例言"云："历史研究应自史料入手，以近代中国史论，现在尚为史料整理编订时期，而非史书写著时期。"在史料取舍上，也严格按照罗家伦所论，以"原料"为尚，必不得已，始一用"副料"。郭廷以原计划按鸦片战争、自强运动、中日战争、戊戌变法等大事件分若干主题，写一部完整近代史，拟议了总计 19 卷的庞大著述计划，但随着抗战军兴，辗转迁徙，失去了专心研究的条件，《近代中国史》只出版了前两册。

郭廷以在写作《近代中国史》时，除对相关史料"整

---

① 《张朋园先生访问记录》，陈仪深：《郭廷以先生门生故旧忆往录》，第 260 页。
② 罗家伦：《研究中国近代史的意义和方法》，郭廷以：《近代中国史》第五版第一册，台北：台湾商务印书馆，1979，第 11 页。

辑排比"外，特别注意使分立不同的记载"互相联通"，为读者获得"一贯明了之认识"，各主题下均附以简要解说，并"酌采西籍，并使其自成体系"；不过强调仍属研究初步，目的只"为后来史家做下若干预备工作"，故行文时"决不轻加论断，妄敢评议"。张朋园认为其中"不只是史料，还有郭先生对史料的独特见解，并非没有解释"，他进而指出这一"历史需要解释"的观念是由蒋廷黻所种下的。[1] 顾颉刚在评论《近代中国史》时，也称作者观念"与蒋先生一样，其书搜辑精详，考证完备"。[2]

郭廷以重视中西"交通"，《近代中国史》第一册整体的构思就有一个"西力冲击是中国近代史的重心"的框架。各章顺序为：第一章"中西陆上的接触：俄人东进"；第二章"中西海上的接触：海道大通"；第三章"中英关系"；第四章，"通商概况"；第五章"中外纠纷"。张朋园将之与费正清后来出版的名著《中国通商口岸之开启及外交》24个章节做对比，结论为"大同小异"，共同受到蒋廷黻的影响则显而易见。[3]

4. 其他外交史学者与著作

民国初年外患频仍，自一战爆发后东亚国际局势发生

---

[1] 张朋园：《郭廷以、费正清、韦慕庭——台湾与美国学术交流个案初探》，台北："中研院"近代史研究所，1997，第 108 页。
[2] 顾颉刚：《当代中国史学》，沈阳：辽宁教育出版社，1998，第 76 页。
[3] 张朋园：《郭廷以、费正清、韦慕庭——台湾与美国学术交流个案初探》，第 108—109 页。

重大变化，日本出兵山东，随即中日"二十一条"交涉，国人多关注外交事件。尤其是1919年巴黎和会引发五四运动、1920年国际联盟成立，1921年华盛顿会议，1923年孙中山"联俄容共"宣扬"反帝废约"，1925年五卅惨案爆发后，国人"废除不平等条约"的呼声高唱入云，当时出版了许多"革命外交""反帝废约"的著作，宣传意味非常浓厚。

同时，科学实证历史学传入中国，1920年代有梁启超《中国历史研究法》及傅斯年《国立第一中山大学语言历史学研究所周刊发刊词》的大力宣扬，作为兰克史学长女的外交史，也有长足的发展。除前述蒋廷黻的业绩外，还有不少留学生在海外学习外交史，返国后发表外交史著作，教授相关课程，外交史研究一时呈现蓬勃气象。

据粗略统计，民国时期侵华史、外患史、国难史、近代外交史之类著述，不下著作130多部、文章300余篇。[1]当时大学课程的设置中，中国近代史、中国近代外交史往往合而为一。[2]

笔者寓目的1920、1930年代中国朝野外交史研究成果至少如下：北京外交部编《外交文牍：民国元年至十年》《外交文牍——参战案》《外交公报》，外交部统计科编印《民国九年分外交年鉴》（1921），中日条约研究会编印《中

---

[1] 宫明编：《中国近代史研究述评选》，北京：中国人民大学出版社，1986，第137页。
[2] 赵庆云：《创榛辟莽》，第74页。

日条约全辑》（南京：1932），国际问题研究社编《国联调查团报告书》（1932），远东外交研究会编印《最近十年中俄之交涉》（1923），王卓然、刘达人编《外交大辞典》（中华书局，1937），黄月波、于能模、鲍厘人编《中外条约汇编》（商务印书馆，1935），王正廷《中国近代外交史概要》（外交研究社，1928），王芸生《六十年来中国与日本》（天津大公报社，1932—1934），蒋恭晟《中德外交史》（中华书局史地丛书，1929），何汉文编著《中俄外交史》（中华书店社会科学丛书，1935），张忠绂《中华民国外交史》（1943），洪钧培编《国民政府外交史》（1930），贾士毅《关税与国权》（商务印书馆，1927），曹明道译《最近中国外交关系》（正中书店，1935），曾友豪《民国外交史》（商务印书馆，1926），钱亦石《中国外交史》（生活书店，1938），等等，这些书都有一定的学术水平，至今仍有部分参考价值。

此外，上海商务印书馆编有一套"新时代史地丛书"，由吴敬恒、蔡元培、王云五主编，出版了束世澂著、金兆梓校阅《中英外交史》（1933），《中法外交史》（1928），唐庆增撰述、郭泰祺校阅《中美外交史》（1928），陈博文撰述、金曾澄校阅《中日外交史》（1929），这几本书，虽非原创性的严谨学术研究，但已参考多本中外文著作，做了初步的梳理工作，当作国民通俗读物，仍有其价值与意义。

民国时期还有多位外交史家，在各大学或报社工作，多有杰出表现。

王绳祖（1905—1990），被誉为"中国国际关系史学的奠基人"，他于 1923 年入金陵大学主修历史，辅以政治，毕业后留校教授西洋史，1936 年通过中英庚款留学历史学考试，入英国牛津大学读世界外交史，1938 年完成硕士论文《马嘉里案和烟台条约》（1940 年出版），1939 年回国任成都金陵大学历史系教授、系主任，1949 年兼文学院院长。他于 1936 年出版《欧洲近代史》，编入商务印书馆"大学丛书"，另著有《近代欧洲外交史》（重庆商务印书馆，1945）。

1952 年院系调整，他任南京大学历史系教授、副系主任。1980 年任"中国国际关系史研究会"（2000 年更名为"中国国际关系学会"）首任理事长，并连任第二、三届。1990 年逝世。主编《国际关系史》（1983）教科书、《国际关系史》（十卷本，1995）、《中国大百科全书·国际关系史卷》等，是我国利用中外材料进行中外关系史研究的早期开拓者之一。[①]

皮名举（1907—1959），湖南善化（今长沙）人，1927 年赴美留学，先后在耶鲁大学、哈佛大学就读，1935 年完成博士论文《胶州湾租借地：一项基于外交和帝国主义的研究》（Ming-chu Bee, *The Leasing of Kiaochow: A Study in Diplomacy and Imperialism*, Ph. D. Dissertation, Harvard University, 1935），使用德国和中国的档案文献，

[①] 参见石斌：《谦谦君子巍巍高山——国际关系史学科奠基人王绳祖先生的学术人生》，《中国社会科学报》，2024 年 2 月 2 日第 2829 期，第 7 版。

还搜集、引用远东地区的主要利益相关国俄国、英国、法国、美国和日本的外交档案，并使用不少各当事国重要外交决策者的日记与回忆录，是以多国档案文献为基础进行扎实的外交史研究，系统还原了胶州湾事件的交涉过程与大国博弈。他的研究重点是"德国殖民政策的发展、远东的国际政治，以及中国的对外关系史"，涵盖从 1895 年中日甲午战争结束后德国准备在中国获得一个海军基地，到 1898 年 3 月德国正式签约租借胶州湾这两年多的外交交涉。其写作不仅体现了他对于民族危机的现实关怀，还在国际外交史研究中发出中国的声音，具有高度的学术水准，对中国外交史研究的学术化与历史化做出了重要贡献。回国后在北京大学、西南联合大学、湖南大学等名校教授西洋史课程。[①]

王芸生（1901—1980），天津静海人，出身寒微，13 岁辍学当学徒，靠自学成才，在天津东浮桥口茶叶铺当伙计时，就为《益世报》写稿。1925 年在洋行工作，五卅运动时成为反帝活动积极分子。1926 年因避难前往上海，并参加上海的革命活动，国共合作时期先加入国民党，后经博古等人介绍加入中国共产党。"四一二"事件后在天津《大公报》刊登启事，声明脱离一切党派，谢绝政治活动，专心从事著述。1928 年 5 月任天津《商报》总编辑，因多次撰文评论《大公报》社评观点，受张季鸾赏识，1929 年

---

① 杨钊：《皮名举的博士论文》，《读书》2024 年第 2 期。

被张氏揽入《大公报》，任地方新闻编辑，次年编辑《国闻周报》。

"九一八"事变后，配合《大公报》"明耻教战"的编辑方针，他受命编辑《六十年来中国与日本》，拟从1871年中日两国签订《中日修好条规》写至1931年"九一八"事变。他往来于北平、南京、天津之间搜寻材料精心编辑，所写文章自1932年1月11日起，在《大公报》连载两年之久。1932年4月，《大公报》社出版部将连载文稿汇集成册，是为第一卷，其后陆续出版，至1934年，第七卷写至1919年的史事，后因时局动荡及他自身工作繁重而搁置。其后历经沧桑，直至1982年方才将1920—1931年的内容以大事记的方式出版了第八卷，1985、2005又出版新的八卷本。《六十年来中国与日本》被认为是1930年代系统研究中日关系史的主要论著，也是一部翔实研究日本侵华史专著，成为他的成名著作。

《六十年来中国与日本》的内容，以六十年来远东关系为经，以中日两国关系为纬，以原始记载和档案资料为依据，书中大量运用了档案、原始文献，包括《日本外交文书》、故宫博物院（尤其是清季外交史编印处）和北平各图书馆的珍贵档案史料、李鸿章文集等。作者还走访历史学界和外交界前辈，许多学者和当时在世的外交家、前清遗老也提供珍贵资料。据说当时的外交部长王正廷也特批让他阅读《外交部档案》，书中有不少今日《外交档案》中找不到的珍贵史料，如许多文件的"批注"部分。他自己说，本书"不加剪裁，纯任文献自身说明真相"。王芸生虽未受过外交史学术训练，但是他长于分析比较，在探清真相方面颇多创见，大体展现中日关系的来龙去脉。此书至今日仍有相当高的参考价值，唯使用时要注意 1930 年代出版的七卷本，在 1985 及 2005 年出版八卷本时，部分章节的前言、结语部分，有相当多的删削修改。①

张忠绂（1901—1977），字子缨，湖北武昌人，4 岁自家塾启蒙，1913 年入武昌文华中学学习英文、算学，1915年清华学校在湖北省招考，张忠绂应考得中。1923 年赴美国留学，先入密苏里州立大学新闻系，后转入密歇根大学政治系，又入哈佛大学专修国际法及政治学，1927 年转入约翰斯·霍普金斯大学攻读国际政治，1928 年获博士学位，入华府布鲁金斯研究院为初级研究员，又任国民政府外交部长伍朝枢秘书，不久任驻美公使馆秘书。

张忠绂于 1929 年回国，先任东北大学政治系教授，1930 年受聘为天津南开大学政治学教授，1931 年夏受蒋梦麟与周炳琳之聘，任北京大学法学院政治系教授，1933 年任政治系主任，曾担任《外交月报》总编辑，同时在《独立评论》等刊撰稿。1935 年经萧一山介绍，到南京见蒋介石提出对中日关系的建议。1936 年任出席太平洋学会年会中国代表，1937 年春赴欧游历，回国后与钱端升一起奉派赴美国游说，争取对中国抗战的支持。1938 年春返国后，

① 参见王芝琛：《百年沧桑：王芸生与大公报》，北京：中国工人出版社，2001。

任军事委员会参事室参事，后任第一届国民参政会参政员，1940 年任第二届国民参政会参政员，1941 年复兼任外交部参事。1943 年任外交部美洲司司长，1944 年被派充出席敦巴顿橡树园会议中国代表团团员，1945 年任出席旧金山联合国大会的中国代表团专门委员，1946 年任出席联合国大会的中国代表团顾问，1947 年任国民政府文官处秘书。1949 年后长期居住美国，1977 年逝世。

张忠绂著有 *The Anglo-Japanese Alliance*（Baltimore，1931）、《英日同盟》（上海新月书店，1931）、《欧洲外交史》（世界书局，1934），影响较大的应是《中华民国外交史（一）》（1943 年 12 月重庆正中书局出版，后有 1947 年上海正中书局版），该书论述 1911—1922 年的中国外交，内容颇翔实。①

郭斌佳（1906—？）江苏江阴人，就读于上海光华大学，好学深思有志于史学，英文成绩优异，帮助老师何炳松翻译绍特韦尔著《西洋史学史》和古奇（Gooch）著《十九世纪之史学与史家》。1929 年留学美国，获得美国哈佛大学博士学位，1933 年返国，历任光华大学、武汉大学教授，外交部参事。他在武汉大学讲授史学方法，指导学生如何用科学方法阐明史事之真相，认为凡研究一问题必经史料之搜集、真伪之甄别、事实之编比，以致最后著成史文之各步骤，皆须依次讨论，辅以例证。

① 徐友春主编：《民国人物大辞典》，石家庄：河北人民出版社，1991，第930—931 页。

1938 年 6 月武汉大学成立"抗战史料编辑委员会"，郭斌佳为主任委员。1943 年 11 月 18 日，郭斌佳加入国民政府参加开罗会议的代表团，1946 年 1 月在英国伦敦参加第一届联合国大会，任安理会事务部首席司长，成为联合国秘书处 43 个高级职员之一（其中中国有三人，另两位是胡世泽和梁鋆立）。

郭斌佳在报章杂志发表与外交、时事相关的文章甚多，与外交史相关的著作有《第一次英中战争评论》（*A Critical Study of the First Anglo-Chinese War, with Documents*，Shanghai: The Commercial Press, 1935）。[1]

徐淑希（1892—1982），广东饶平人，1910 年自汕头华英中学堂毕业，曾参与革命行动。1912 年就读于香港大学，毕业后赴美，先后就读于耶鲁大学和哥伦比亚大学，1919 年取得硕士学位，1925 年取得博士学位。他在国际法学者摩尔（John Bassett Moore）教授指导下完成博士论文《中国及其政治实体：一项有关朝鲜、中国东北和蒙古的中外关系研究》[2]，以中国与美、日、俄等国在东北亚地区的利益与争端为研究对象，强调东北地区对于国家安全的重要性。[3] 徐淑希的得意门生吴其玉对此书高度评价云："运用中国的资料，兼采西方第一手资料，追溯中国与朝鲜半

---

[1] 徐友春：《民国人物大辞典》，第 856 页。
[2] Hsu Shuhsi, *China and Her Political Entity: A Study of China's Foreign Relations with Reference to Korea, Manchuria and Mongolia*, Oxford: Oxford University Press, 1926.
[3] 李珊：《九一八事变后中国知识界对日本战争宣传的反击——以英文撰述为中心》，《抗日战争研究》，2012 年第 4 期，第 66—67 页。

岛及中原与东北三省各民族的关系，证明日本和沙俄对这一地区的觊觎是侵略行为，必须制止。论文材料充实，论据确凿，论证有力，受到英美学术界重视。"徐淑希回国后任教于燕京大学，曾任政治学系主任、社会科学院院长、法学院院长，他聘请明师，调整课程，让燕京大学政治系声名鹊起，培养出许多优秀学生。①

他是当时"书生从政"的代表人物之一，1929年10月以中国代表团主要发言人的身份，在日本京都参加了第三届太平洋国际学会，与日本刚卸任南满铁道株式会社副总裁的松冈洋右激烈辩争，以法理及实证驳斥日方谬论，为中国争取到国际舆论的同情，名声大噪。②

随着中日关系日益恶化，徐淑希的东北问题研究受到南京国民政府重视。"九一八"事变后不久，徐淑希即被张学良组织的"东北外交研究会"聘为委员。1932年顾维钧担任国联李顿调查团中方襄助员，徐淑希担任顾氏的顾问。该年11月蒋介石创建"国防设计委员会"，徐淑希被任命为首批39位委员之一，与周鲠生、钱端升等人共同研究国际形势，尤其是对日外交问题。

当时，东北问题是国际舆论关注的焦点，中日关系成为中国知识分子英文撰述的重要内容。据李珊统计，1931—1933年间出版的有关中日关系的英文著作和资料集主要有

① 吴其玉：《徐淑希先生和燕大政治学系》，《燕大文史资料》第5辑，北京：北京大学出版社，1991年9月。
② 王美平：《太平洋国际学会与东北问题——中、日学会的交锋》，《近代史研究》2008年第2期，第55—57页。

20 种，其中徐淑希就占了《东省问题》（*The Manchurian Question*）（北平：太平洋国际学会中国分会，1931）等八种。① 从总体上看，较强的学术性是徐淑希上述英文著作的主要特点。其以列强（尤其是日本）与中国在东北问题上的纷争为中心，以相关条约及国际法原则为依据，综合分析相关外交争端的事实，研究的落脚点则在于从法理上寻求解决东北问题的途径。

1937 年全面抗战爆发，徐淑希又发表和编辑一系列著作和资料，向全世界揭露日本的侵略行为，包括《华北问题》《日人战争行为要论》《日人与上海》《三周的广州轰炸》《谁生厉阶》等，最重要的，是他编的揭露日军暴行的资料集《南京安全区档案》。此书不厌其烦地逐条收录当事人报告的日军暴行，原书是英文，后译成中文和日文。这份外籍人士目睹日军暴行的实录，成为揭露侵华日军南京大屠杀暴行最为有力的证据之一，在东京审判确认日军罪行时起到重要作用。②

1938 年 10 月日军进攻广州，徐淑希撰《广州念日记》（*Three Weeks of Canton Bombings*），对日军在全面进攻之前，5、6 月间对广州进行大规模的无差别轰炸，造成重大平民生命财产的损失，搜集了各国的相关报道，加以整理、

---

① 李珊：《九一八事变后中国知识界对日本战争宣传的反击——以英文撰述为中心》，第 64—66 页。李珊：《面向西方的书写：近代中国人的英文著述与民族主义》，北京：社会科学文献出版社，2022，第五章第二节。
② 李珊：《面向西方的书写：近代中国人的英文著述与民族主义》，第五章第二节。

评论，同时从国际法的角度，对日军的暴行加以批判，指出日本的这一行径违反了国际法和人道精神。该书在战时于重庆出版，有力地揭示了日军的残忍暴行，导致了英、美、法、苏联等主要西方国家对日本的抗议，为中国争取了更多的国际同情。①

徐淑希 1940 年起任国际联盟理事会中国副代表，1942年 6 月代理外交部亚西司司长，1949 年赴台，后在美国定居，1982 年在新泽西州逝世。

民国时期从事外交史研究的学者大都具有留学背景，不少人的学位论文都选取与中国相关的外交史题目，除前述王绳祖、皮名举外，至少还有鲍明钤 1921 年在约翰斯·霍普金斯大学完成的博士论文《中国对外关系：历史与概述》、蒋孟引 1939 年在英国伦敦政治经济学院完成的博士论文《1856—1860 年的中英外交关系》。这些留学生的外交史学位论文为推动民国时期的外交史研究走向学术化与规范化做出了贡献。②

中国近代史的学科化始于 1920 年代，在罗家伦、蒋廷黻等人倡导下，北京大学、清华大学、燕京大学等著名学府纷纷开设中国近代史课程，学科初具雏形，当时中国的

---

① 高佳：《全面抗战初期日军轰炸广州与美英政府的因应》，《学术研究》2023 年第 9 期。
② 杨钊：《皮名举的博士论文》，《读书》2024 年第 2 期。

近代史研究，实际上以外交史为中心。但总体说来，中国近代史在民国时期尚处于草创阶段，难以受到主流学界的重视。[①]

中国外交史研究的"学术化"在 1920 年代有飞跃的进展，一方面得力于外交档案史料的刊布，一方面兰克史学引进中国，"史料学派"兴起，外交史除蒋廷黻的大力推动外，还有一批留学生回国，在教学、研究上都有表现。加上当时中国民族主义兴起，朝野致力收回国权，除了革命宣传之外，学术研究更是历史与法理的根本，这批学者贡献了一批高水平的学术研究成果。

然而"九一八"事变之后，多数学者为救国家危难，毅然投身现实政治，或担任外交官，或以外交史、国际法为中国争取国际同情，学术研究大多中断；少数留在大学任教者，又因图书资料短缺，研究成果大打折扣。中国外交史的学术研究刚刚萌发的嫩芽，就在外患日亟的狂风暴雨中凋零殆尽了。

---

① 赵庆云：《创榛辟莽》，第 384 页。

第四章

1949 年后大陆的中国外交史研究

中国近代史在民国时期尚处于草创阶段，难以受到主流历史学界的重视。1949 年新中国成立后，伴随天翻地覆的政治变革，马克思主义史学进入历史学界的中心。中共对历史学的重视超过既往的执政者，虽然 1949—1979 年间"古史"研究仍居于主导地位（著名的"五朵金花"都开在"古代史领域"），但中共在建政之后特别重视中国近代史的认知、研究对新政权意识形态构建的重要性，致力于通过追溯近代以来的革命系谱论证新政权的合法性，中国近代史研究进入一个新阶段，始于延安的中国近代史解释体系逐渐占据主导地位，并日益完善与体系化，外交史是其中关键的一环。

一、 马克思主义中国近代史
研究体系的建立

1949 年以前，为国民党统治服务是中国近代史研究的主流意识形态，有学者认为蒋廷黻的《中国近代史》就可视为这方面的代表作。少数共产党员和非党的马克思主义者从服务、推进中国人民革命事业的需要出发，以马克思主义作指导观察、研究中国近代史，对于挑战那时的主流意识形态，起了很重要的作用。①

　　延安时代，马克思主义史学研究机构最初的任务是编纂《中国通史简编》，中国共产党为了更好地推动社会革命，需要厘清中国社会的性质、中国革命的性质，需要对中国历史，尤其是中国近代史做出自己的解说，大力推动中国近代史的研究，并系统地以历史唯物主义来研究中国近代史。以范文澜的《中国近代史》上编第一分册（1947年初版）和胡绳的《帝国主义与中国政治》（1948年初版）为代表，中国共产党初步建立了一个以中国人民反帝反封建斗争史为中心的中国近代史叙述框架。②

　　1943年范文澜调入中宣部历史组，根据部署分工编写中国近百年政治史，至1945年末完成鸦片战争至义和团运动部分的手稿，经整理后，以《中国近代史》上编第一分册之名在延安出版。1946年北方大学成立，范文澜任校长，成立历史小组，1947年8月成立历史研究室，范氏兼研究室主任，主要任务为修订《中国近代史》和《中国通史简编》。在此期间，对刘大年写作《美国侵华简史》，范

① 张海鹏：《50年来中国近代史研究的理论和方法评析》，《近代史研究》1999年第5期，第3页。
② 王建朗：《中国近代史研究70年（1949—2019）》，《近代史研究》2019年第4期，第4页。

氏给与全力支持。1948 年 8 月华北大学正式成立，吴玉章任校长，范文澜及成仿吾任副校长，范氏兼研究部主任，下设历史等四个研究室，范、刘任历史研究室主任、副主任，修订了《中国近代史》，1949 年由华北大学出版。①

1949 年中华人民共和国建立之后，努力建立以唯物史观为指导的中国近代史研究体系，"文革"前的"十七年史学"，在中国马克思主义史学发展历程中具有至为重要的地位。1949 年后"中国近代史"成为"显学"，次年率先成立近代史研究所，范文澜固然着意于人事方面的考虑，同时也是延续延安史学研究机构以近代史为工作重心之传统。由于现实政治斗争中的实际问题无不由近代历史演变而来，近代史是中国共产党领导革命的重要历史依据，毛泽东尤其重视中国近代史之研究。近代史研究对于中共史家而言，更多地具有批判武器的意义，对中国近代史的撰写与解释构成了中国共产党革命动员体系中的核心话语，对于发动普通民众投身革命发挥了相当重要的作用。②

1949 年以后，唯物史观指导下的革命史学随着中国共产党的执政由边缘走向中心，在很短的时间内，中国近代史研究领域便全面确立了马克思主义的绝对支配地位。1954 年在《历史研究》创刊号上，胡绳发表了《中国近代历史的分期问题》一文，确立中国近代史学科的基本叙述框架，引起近代史学者的热烈关注和讨论。这一框架包括

---

① 赵庆云：《创榛辟莽》，第 18—19 页。
② 同上书，第 33—36 页。

三方面：第一，中国近代史开端于 1840 年鸦片战争；第二，中国近代史下限为 1919 年五四运动；第三，这 80 年历史以太平天国运动、戊戌维新和义和团运动、辛亥革命"三次革命高潮"为主线。胡绳首倡的"三次革命高潮"说成为中国近代史主流话语体系的核心，对中国近代史研究的影响既深且广，由此构建起一个纯粹的革命史体系。

这个革命史体系以阶级斗争为主线，以"两个过程"为基本发展线索，揭示晚清中国半殖民地化和半封建化的过程，突出人民群众反帝反封建斗争的历史地位和作用，以"三次革命高潮"和"八大事件"为具体内容。所谓"八大事件"，即两次鸦片战争、太平天国运动、洋务运动、中法战争、中日战争、戊戌变法、义和团运动、辛亥革命。这一时期的中国近代史研究，都是在这一体系之下展开的。①

1949 年后依循马克思主义建构以反帝反封建为主线的近代史论述下，中国外交史的基调是"帝国主义侵华史"，着力于抨击列强侵略欺凌及汉奸、买办、卖国贼的丧权辱国。

当时，民国史学界有影响的人物绝大部分留在大陆，一个主体基本完好的史料学派仍屹立在 1949 年后的大陆史学界，"旧史学"依然有很大的影响力。在新中国成立两年之时，马克思主义史学家对比新、旧中国的历史学，认为

---

① 王建朗：《中国近代史研究 70 年（1949—2019）》，第 5 页。

新中国成立以来，历史学在历史研究的方法、作风、目的和对象方面开辟了一个新纪元，呈现新的面貌。郭沫若把这些变化概括为六个方面：第一，大多数历史研究者已经逐渐从旧史观转向了新史观，即从唯心史观转向用马列主义方法来处理实际问题；第二，历史研究者的作风改变了，即从过去完全从个人兴趣出发转向从事集体研究；第三，从名山事业的研究态度转向为人民服务的态度；第四，历史学者已经逐渐从贵古贱今的偏向转向注重近代史的研究；第五，从大民族主义转换到注重研究各少数民族的历史上来；第六，从欧美中心主义的思想转变到开始注重研究亚洲历史。①

王学典也认为，新旧中国历史学之间的差异，现在看来，实质上就是唯物史观派与史料考订派之间的那种由来已久的差异。主要表现在：1. 在史学与时代的关系问题上，史观派主张尽可能地撤除学术与时代、历史与现实之间的藩篱，力倡史学向政治靠拢；而史料考订派则坚执"为真理而求真理"的为学理念。2. 在理论与材料的关系问题上，史观派强调理论的先决地位，尤其将史观置于治学的初始环节上，甚至认为"没有理论，材料等于废物"，考订派则强调"拿证据来"，"一分材料出一分货"，"没有材料便不出货"。3. 在宏观与微观的关系问题上，史观派一直致力于研究社会的大变动、历史的大关节和时代的大

———————

① 郭沫若：《中国历史学上的新纪元》，《进步日报》，1951 年 9 月 29 日。

转折，而这些大变动、大关节和大转折的叠合，则是社会形态的更替；而考订派主张小题大做，选题越小越好、越冷偏越好，走向极端者则沉醉于对历史的细枝末节的追逐之中而不能自拔。4. 在普及与专精、著史与考史的关系问题上，史观派注重通史的写作与著述，特别关心历史读物对青年知识分子的影响，走的基本上是一种"史纂"的路子；考订派走的则基本上是一种学院派"史考"的路子。①

赵庆云则指出，十七年史学自整体来说，体现出"破旧立新"的思维模式。马克思主义史学的主导地位，正是通过整合、批判"旧史学"而得以确立。然而，学术研究必须先因后创，学术机构也并不能凭空出世，必须有所凭借。近代史所接续延安史学之脉络，于 1950 年率先创建，即有从人脉关系上切断与旧史学界的联系、着重培养新生力量、树立马克思主义史学之正统之用意。但事实上，在"十七年"间，近代史所的"旧学人"亦不在少数，且对近代史所的早期发展贡献颇多。既有的学术回顾，往往将罗家伦、蒋廷黻、郭廷以等人与马克思主义史家截然对立，分殊为两个泾渭分明的脉络，甚少顾及两者相通之处。②

1949 年后的中国，史观派从边缘走向中心，由异端变为正统，考订派则被放逐到史学界边缘。旧史学主流的史料考订派在巨大压力下急剧分化与解体，他们应对这个崭

<hr />

① 王学典：《近五十年的中国历史学》，《历史研究》2004 年第 1 期，第 166 页。
② 赵庆云：《创榛辟莽》，第 99—100、147—148 页。

新的时代方面，表现出三种类型的姿态：幡然醒悟型、遗世独立型、艰难改造型。其中，以顾颉刚为代表的"艰难改造型"，反映了大多数考订派复杂而矛盾的倾向：想积极适应这个对他们来说很陌生的社会，但又处处感到格格不入；想和过去诀别以取得基本的信任，但又积重难返，步履维艰；想努力学习新东西接受改造，但又难以一下子丢掉他们看得很重的所谓"操守"。[①] 外交史学界可以邵循正为代表，他努力学习融入中共新史学，但是旧史学的传统仍部分延续下来。

二、 近代史研究所的设立与
《帝国主义侵华史》

新中国成立之后，在推重致用、"厚今薄古"的史学思想引导下，以范文澜为核心的延安史学，形成了重视近代史研究的传统，延安史学进驻史坛中心，率先成立近代史研究所实为顺理成章之事，亦与当政者的构想相合。"史学研究为政治服务"，与民国时期以研究高深学问为职志的中研院史语所等史学机构大异其趣。但是，新中国成立后的史学研究机构，仍然主要承担着集聚专业史家以进行史学研究的功能，并在此过程中形成其自身的学术传统。即便

---

① 王学典：《近五十年的中国历史学》，第166—167页。

在政治运动最为激烈之时，其学术研究工作仍未完全中辍，其学术精神与传统虽经"文革"浩劫，仍得以传承。[1]

1949 年 3 月，华北大学迁入北平。4 月华北大学历史研究室由正定迁来北平东城王府井大街东厂胡同 1 号，1950 年 5 月 1 日，中国科学院近代史研究所正式组建成立，这是中国科学院设立的第一个历史研究所，也是哲学社会科学领域最早成立的研究所之一。[2]

1950 年 6 月中科院第一次扩大院务会议，近代史所确定研究方针为："学习马列主义、毛主席思想，以历史唯物论的观点和方法来研究中国近代史。批驳旧历史中错误荒谬的观点，发扬中国人民革命的英勇事迹，恢复人民历史的真面目。"总的研究任务为"编写中国近代史"，"搜集整理中国近代史资料及编制中国近代史年表"，并开展专题研究。[3]

中国共产党人十分重视研究中国社会的性质，用于指导新民主主义革命。毛泽东把马克思主义与中国革命的实践相结合，用"阶级观点"解释中国革命和中国社会，形成了系统的半殖民地半封建社会的理论（下称"两半论"）。"两半论"和"阶级观点"构成毛泽东思想的重要内容，也是马克思主义者观察和分析近代中国的基本理论框架。近代中外关系史学科作为中国近代史的基础组成学

---

① 赵庆云：《创榛辟莽》，第 6、33—36 页。
② 王建朗：《中国近代史研究 70 年（1949—2019）》，第 5 页。
③ 赵庆云：《创榛辟莽》，第 28 页。

科之一，承担着运用"两半论"阐述近代中外关系史的时代重任。

新中国成立后，中国面临国际帝国主义的巨大压力，美国拒不承认中华人民共和国，着手组建反华阵营。1950年6月25日，朝鲜战争爆发，美国把战火烧到鸭绿江边，中国被迫派遣人民志愿军入朝作战。在朝鲜战争期间严峻的国际环境下，史学界希望出版专著揭露近代帝国主义侵华的历史，以此激发中国人民的战斗意志和爱国热情。撰写帝国主义侵华史体现了史学界在马克思主义指导下进行研究工作，坚持理论联系实际，从实际需要出发的工作方针。

1953年是全国第一个"五年计划"的开始，近代史所有组织的科研工作也于焉开启。近代史所设立了四个研究组：第一组研究中国资产阶级，第二组研究辛亥革命，第三组研究帝国主义侵华，还设立一个通史组。帝国主义侵华史组的成立，标志着帝国主义侵华史研究方向的确立，范文澜是撰写帝国主义侵华史的擘画者、组织者，第一批研究力量也是他组织起来的。可以认为，新中国成立后的近代中外关系史学科框架的搭建，始于帝国主义侵华史的编写。①

近代史成立前后，范文澜即开始物色有条件研究中外关系史的青年学子到所工作。他从清华大学研究院毕业生

① 侯中军：《张振鹍先生与近代中外关系史研究——兼论近代史研究所近代中外关系史学科的发展》，《抗日战争研究》2023 年第 2 期，第 16 页。

中挑选了沈自敏、丁名楠、余绳武、贾维诚四人，组成近代史所研究帝国主义侵华史的基干力量。其中沈、丁、余三人曾受业于邵循正，邵氏曾师从蒋廷黻，1953 年成立研究组时，就聘任邵循正为兼任组长，无论从中国近代史的治史理念，还是人脉和师从关系，近代史所和民国"旧史学"仍不可避免存在一定的继承和关联。1953 年 3 月，李明仁由新华通讯社调至近代史研究所，4 月 9 日中央大学政治系学士、北京大学西方政治思想史硕士张振鹍亦调入近代史所，两人均被安排到帝国主义侵华史组。此后一两年间，组内又增加康右铭、潘汝暄等，侵华史组一时人才称盛。范文澜为引进可造之才，颇费心力，由于引进人员多为年轻人，大多无研究经验，范文澜当时所倚重者，一为荣孟源任研究秘书，负责学术研究工作，一为刘桂五任行政秘书，主要负责日常行政、生活事务。①

张振鹍回忆道，《帝国主义侵华史》这个书名是范文澜定的，他说"弱国无外交"，近代中国对外关系就是受帝国主义侵略压迫，中国外交史就是帝国主义侵略史。邵循正是组长，工作在北大，近代史所是兼职，很少来，不大管事，第一卷是我们这几个 30 岁上下的年轻人摸索着写出来的，1957 年完成，1958 年出版。这一卷署名的是七个人，实际上最后出成果的是三个人，大体上丁名楠、余绳武和我各三分之一。这大概是新中国成立后第一本公开出版的

---

① 赵庆云：《创榛辟莽》，第 74—75 页。

近代中外关系史专著。它的基本特色是摆脱了马士、蒋廷黻等的观点，以新的观点阐述中外关系，为近代中外关系史研究搭建了一个框架。这本书有点影响，到1990年已印到30万册。①

新中国成立之前的中国近代史研究，实际上以中外关系史为中心，针对以前的外交史研究，《帝国主义侵华史》第1卷"弁言"中，课题组直陈，百余年来帝国主义与中国关系的历史，曾经受到外国资产阶级以及中国买办资产阶级历史学者的严重歪曲，他们撰写大量著作，为帝国主义的侵略政策作辩护，力图掩饰帝国主义对中国实行侵略的实质。因此，课题组的目的在于"站在中国人民的立场上，暴露帝国主义侵略中国的事实，揭发帝国主义侵略的罪恶，力求恢复历史的本来面目。"

《帝国主义侵华史》第1卷的体例和框架，突破旧有中外关系史著作的限制，系统梳理和总结了列强对华的侵略以及通过不平等条约特权造成中国社会落后的历史事实。所述历史时期自1840年鸦片战争开始，至1895年中日甲午战争止，共两编六章。第1卷的框架安排，体现了范文澜对近代中外关系本质的理解，反映了丁名楠、余绳武、张振鹍等著者结合近代中外关系史发展线索对毛泽东"两半论"的深思熟虑，是用马克思主义唯物史观论述近代中

---

① 《张振鹍先生访谈录》，中国社会科学院近代史研究所编：《回望一甲子：近代史研究所老专家访谈及回忆》，北京：社会科学文献出版社，2010，第223—224页。

外关系史的具体体现。

旧有的外交史论著多关注清政府公行制度的腐败及排斥"近代化",注重中国基于自身传统对外交往的"专制"以及"对外人的不平等"。但他们没有认识到,清政府对内对外施行的封建统治不应成为帝国主义发动侵华战争的借口,更不应成为列强获得在华"治外法权"和"片面最惠国待遇"的理由。《帝国主义侵华史》第 1 卷将马克思主义与中国共产党政治理念中的"两半论"以及"主要矛盾论"引入近代中外关系史研究,抓住了鸦片战争以来中外关系史进程中的主要特征。从理论上阐明,第一次鸦片战争爆发到太平天国起义失败,是外国资本主义开始侵入中国,在中国的沿海、沿江地区积极扩展势力,并在协助清政府镇压太平天国的罪恶活动中,与中国封建势力达成初步的结合,"中国被迫走上半殖民地的道路",自此以后,"外国侵略者与中华民族的矛盾成为中国社会生活中最根本的矛盾之一"。这些经典论述,为此后各类教科书沿用至今。[①]

王学典指出,当代中国史学虽然发端于 1949 年,但严格地讲,真正的转向发生在 1955 年前后,因为正是在这一年,中国展开了大规模的"胡适批判运动"——这意味着学界向民国学术路线的集体公开告别。1958 年的"史学革命",可以看作对考订派的最后一击,这是以往历次所谓

---

① 侯中军:《张振鹍先生与近代中外关系史研究——兼论近代史研究所近代中外关系史学科的发展》,第 16—17 页。

"批判资产阶级学术"运动的总汇，其后果是史料考订派作为一个潜在的整体已经不复存在。[1]

这个趋势，在外交史方面反映得相当明显。1957 年"整风运动"，中央决定从整顿党的作风入手，克服官僚主义、宗派主义和主观主义，正确处理人民内部矛盾，结果许多学者被错划为"右派分子"。1958 年是中国"大跃进"的一年，也是以各高校历史系发起"史学革命"的一年，包括了"厚古薄今"和"厚今薄古"大辩论、"拔白旗、插红旗"运动、史学大跃进等一系列运动，宗旨是革资产阶级史学之命，代之以无产阶级史学。[2]

1958 年《帝国主义侵华史》第 1 卷出版后，受到所内一些人的抨击，说它是"挨打受气史"而全盘否决，虽然范文澜支持，却难以为继，帝国主义侵华史组迫于压力宣告撤销。张振鹍回忆道："第一卷出版时，正碰上所里搞'整风补课'运动，检查科研路线，这本书成了靶子。极左思想的代表对这本书大张挞伐，几乎全盘否定，弄得所领导也胆怯了（虽然范文澜对那种'批判'很不以为然）。随后，刘大年主编多卷本《中国近代史》要上马，把丁名楠和我调到近代史组，余绳武被派去搞'国史'，帝国主义侵华史组就散了，直到 1978 年重建中外关系史研究室第一室，才恢复第二卷的编写。"[3] 张振鹍另外写道："当时所

---

[1] 王学典：《近五十年的中国历史学》，第 167 页。
[2] 戴海斌：《邵循正史学三题》，第 64 页。
[3] 《张振鹍先生访谈录》，《回望一甲子》，第 224 页。

里强调集体性，集体研究、集体写书，不提倡个人自由选题做研究，反对'单干'。"①

当时也有人反对太过激进的做法，12月3日《人民日报》刊登署名柯安的《帝国主义侵华史》第1卷书评，肯定了此书，明确指出"我们应该告诉广大人民和我们的下一代，我们的先辈为了缔造我们的事业是经过了怎样的困苦艰辛"，因此"对帝国主义侵略中国的历史作一番系统的叙述和分析，是完全必要的"。在肯定研究帝国主义侵华史必要性的同时，书评强调了梳理一个系统的帝国主义侵华的历史所面临的困难，"要从大量的材料中，从头绪纷繁的民族矛盾和阶级矛盾中，理出一个系统"。书评肯定该书获得的成功，并将其归因于"作者能比较好地抓住中国近代史上帝国主义同中华民族之间、封建主义同人民大众之间的这个主要矛盾"。② 这个书评应该可以视为当时"史学革命"与"历史主义"之间的拉扯。

进入1960年代后，范文澜已在大声疾呼"反对放空炮"，翦伯赞更站出来连续发表文章，反对"用空洞的抽象的社会发展史的一般原理原则代替具体的历史"，强调"片面性、抽象性、简单化、绝对化、现代化，是这几年历史教学和研究中突出的缺点"；主张只有把阶级观点和历史主

---

① 张振鹍：《毕生的幸运——近代史所一甲子简记》，《回望一甲子》，第673页。
② 侯中军：《张振鹍先生与近代中外关系史研究——兼论近代史研究所近代中外关系史学科的发展》，第18页。

义"结合起来，才能对历史事件做出全面的公平的论断"。①

王学典认为，这场"史学革命"虽然是短命的，但其影响却是深远的，它埋伏下此后史学界所有冲突的根。1959年开春伊始，史观派的内部分裂即已呈现：一方面，一些人继续沿着"史学革命"的道路往前走，直到与"文革"前夕掀起的更大规模的"史学革命"合流；另一方面，许多人则开始觉醒，试图制止这场"革命"的进行。这一冲突可以看作史观派内部稳健派与激进派的冲突，也可以看作历史主义派与阶级观点派的冲突。冲突的一方代表人物是郭沫若、范文澜、翦伯赞、吴晗和黎澍，这些人在和史料派的冲突中是站在第一线的，他们面临正在崛起的一批更激进的青年学者的压力与挑战。郭沫若、范文澜、翦伯赞等之所以在批完史料派后又转身针对同一阵营的激进青年或自己的激进追随者，很可能是因为这批青年学生和青年学者在批判"史料学派"或"资产阶级史学"时，已经从深处动摇了历史学本身存在的根基，郭、范、翦对这些青年人的批评，实际上可以看作在捍卫历史学之所以是历史学的那些东西、那些准则。从本质上说，"文革"前史观派的内部冲突，也可以看作流行的"政治"与"科学"的冲突。②

---

① 范文澜：《反对放空炮》，《历史研究》1961年第3期；翦伯赞：《目前史学研究中存在的几个问题》，《江海学刊》1962年6月号。皆引自罗志田：《文革前"十七年"中国史学的片断反思》，《四川大学学报（哲学社会科学版）》2009年第5期，第10页。
② 王学典：《近五十年的中国历史学》，第167页。

邵循正作为跨越旧、新时代的中国外交史研究学者，其遭遇颇具代表性。1949 年后邵循正继续在清华大学历史系任教，1952 年转任北京大学历史系教授，长期主持中国近代史教研室工作，兼中国科学院历史研究所第三所（今中国社会科学院近代史研究所）研究员，受范文澜所长的委托，担任该所第三组（对外关系史暨帝国主义侵华史组）组长，并任北京市史学会副会长。他是解放之初的蒙元史、中国近代史研究大家，近代中外关系史研究领域的重要开拓者。

因主客观原因所致，1949 年之后邵循正的研究领域主要是中国近代史，也正是在这一时期，他迎来了近代史研究的又一个活跃期，连续发表了十余篇重要论文，其中多篇发表于《历史研究》上，可称是他学术上最有成就也最成熟的一段时间。在多次的学术批判中，邵循正没有受过太严重的冲击。相反，作为从民国而来的"旧派学人"，他很快转向中国马克思主义史学体系的近代史研究领域，并且得到重用，成为十分活跃的中国近代史专家。[①] 他在新中国成立后能在中国近代史的研究中得到重用，固因他早年已在近代史领域颇著声名，亦因其基本观点与马克思主义史家对于近代史的解释并无根本冲突，他早年所著《中法越南关系始末》批驳法国侵略，其观点在新中国成立后

[①] 戴海斌：《邵循正史学三题》，第 60 页。

亦属政治正确。①

至 1960 年代初，邵循正已经被党组织认可为"左派教授"，这是他努力进步的结果，而这种努力包括破和立的两面。有学者指出，作为当时中国近代史研究头面人物，也是老清华近代史研究学统最重要的继承者，邵循正的学术路向发生了显著转型，他更多地疏离了早年所服膺和践行的蒋廷黻史学传统，靠近了毛泽东—范文澜近代史话语。②

"十七年"里，邵循正的全部学术精力几乎都投入了中国近代史的教学与研究中。张寄谦总结："邵循正在中国近代史方面，着力于两个范围的研究，一是中外关系，一是中国资产阶级问题。"中外关系史研究本是邵循正最为擅长的研究专门，在"十七年"的中国马克思主义史学体系中，"帝国主义侵华史"成为国内中外关系史研究的主要内容，他也很快学习和领悟新的史学精神，在这一领域有所作为，发表多篇反美帝侵华及反法国侵略越南的论文。

邵循正的自觉"补课"的行动，让他没有受过太严重的冲击，但是他作为"清华学风"的正统传人、蒋廷黻的嫡系弟子及其学术衣钵的主要继承者，必须与以前的某些研究理念及学术师承关系"划清界限"。1949 年后，蒋廷

---

① 赵庆云：《创榛辟莽》，第 110 页。
② 刘超：《清华学人与中国近代史研究——从罗家伦、蒋廷黻到郭廷以、邵循正、费正清》，《江苏社会科学》2013 年第 4 期，第 208 页。引自戴海斌：《邵循正史学三题》，第 61 页。

黻被贴上"反动文人"与"政客"标签，成为政治批判的靶子。邵循正与蒋廷黻的师生关系，是他背负的历史包袱，"文革"期间呈交的交代材料中，写他在清华大学研究生院的导师是陈寅恪，避开蒋廷黻之名，蒙混过关了。[①]

新中国成立后，中国近代史研究领域清除"流毒"的另一标靶，是马士的《中华帝国对外关系史》。邵循正就读清华大学时在蒋廷黻的指导下，接触"西方资产阶级学者"著作，并深受影响，他在 1950 年代遭受的政治压力，也主要来自这一方面。张寄谦说："当时在中国近代史领域，全国批判西方资产阶级影响，就是围绕马士等人，而邵循正私下说，马士的书，不是层次很高，还谈不到对他有什么影响。"如马士著《中华帝国对外关系史》（第一卷）中译本（张汇文等译，生活·读书·新知三联书店 1957 年 11 月第 1 版）"序言"便出自邵循正的手笔，虽然不免"对全书进行批判的工作"，但他仍肯定其应有的学术价值，充分说明翻译此书的学术理由云：

> 这部书在今天的中国翻译出版，是完全必要的。一则因为它所引用的许多资料，现在看来，依然有不小的可以利用的价值。二则因为这部书一向被中外资产阶级学者奉为圭臬之作。拿欧美资产阶级学者的著作说，虽然它们随着时代的推移和史料的不断发表，

---

① 张寄谦：《邵循正史学成就探源——写在〈素馨集〉出版之际》，《近代史研究》1994 年第 6 期，第 175—176 页。

而对于马士的论述做了若干的修改和补充，但就其最基本上说来，都是百变不离其宗的。正因为如此，这部书的翻译出版，对我们今天说来，是很有用的。这也许是我们出版这个译本更重要的一个理由。

接着批评此书为"殖民主义者"与"帝国主义"辩护的立场是"极其鲜明的"，"这些谬论在很长的一个时期中，曾经严重地毒害了中国的思想界"。最后总结说：这部书最显著反映出英国官方和赫德的看法，但不仅如此，这部书的另外一个作用，是替美帝国主义宣传辩护，因而实际上这部书曾经长期地成为美国大学中风行的课本。

有人在看到这篇序言之后，批评邵循正对待资产阶级学者采取的"客观主义态度"，嫌他批判马士之流不够彻底，甚至读出皮里阳秋、明贬实褒的微意——"表面上好像要来批判它一下，而且有时也确实摆开了架势，但是在实际上，却对之爱不释手……事实上为资产阶级学者起了传播和推荐的作用。"①

1956 年 5 月，在"北京大学一九五五—五六学年科学讨论会历史学分会"上，时任中国近现代史教研室主任的邵循正作题为《清除中国近代史研究中的帝国主义影响和买办资产阶级观点》的学术报告，据会议综述记录，报告人在报告里举出大量事实表明，从五四运动以来，国内的

---

① 戴海斌：《邵循正史学三题》，第 62 页。

买办资产阶级即已和国外帝国主义资产阶级根株相连、沆瀣一气，他们对于中国的近代历史进行了肆无忌惮的歪曲和诬蔑，以达到其反对中国人民革命解放斗争的目的。报告人着重指出马士所编写的《中华帝国国际关系》（原文如此）一书的流毒，并揭露了现今以美国哈佛大学教授费正清为代表的帝国主义资产阶级，正在变本加厉地歪曲中国近代历史。报告人继而指出，国内买办资产阶级研究中国近代史的人物，诸如胡适、蒋廷黻、郭廷以、张忠绂等的观点，实际上是承继马士等人的说法，与帝国主义相酬唱，达到出卖祖国的目的。报告人也批判了陈恭禄先生在解放前所写的《中国近代史》一书的反动观点。

可以说，邵循正在公开场合全面清算解放前"帝国主义""买办资产阶级"在中国近代史研究中的"流毒"，显示了一贯的爱国主义立场与反帝爱国主张。不过，与会的翦伯赞、严中平、石峻等人还是认为，这个报告"暴露较多，批判不够"。①

1958 年，全国高校历史系开展"史学革命"运动，学生可以在很短时间里编出通史讲义并登上讲台，很多术业有专攻的"老先生"受到自己学生的批判。在北大历史系大字报中，有不少针对邵循正的批判，一封署"邵先生授中国近代史专门化课程综述"的匿名大字报，用了一个鲜明的标题《以客观主义介绍客观主义》，文中历数邵循正在

---

① 《北京大学历史系的科学讨论会》，《光明日报》1956 年 7 月 5 日，第 3 版。引自戴海斌：《邵循正史学三题》，第 62—63 页。

历史系五年级讲过的四门课程，即"中国近代史史料学""1840—1895 的中外关系""1840—1937 的中外关系""资产阶级学者有关著作介绍"，提出一个总的印象是：客观主义相当严重，阶级分析与阶级斗争观点运用不够，不能使我们看到近代中国历史的主体——人民群众反抗外国侵略者与中国封建统治者相互勾结，使中国沦为半殖民地半封建社会的过程，令我们看到的只是片段的史料订正、排列、各种上层人物的政治活动等等；邵先生偏爱"客观"的资产阶级治学精神贯彻到各门课程，而且深深地感染了我们班的同学。文中也提到了马士著作，作者不满之处在于："对于有些虽被邵先生简单批判的著作（如马士的《中华帝国对外关系史》），在言辞之中往往又流露出深为欣赏，这种态度也影响了同学。"

　　"科学性"与"思想性"的矛盾统一，是包括邵循正在内的多数当代学人持续思考、反复调适的问题。1949 年后，邵循正努力在两者之间维系某种平衡，在尽可能"结合"的同时，保留部分底线。但这种小心翼翼的尝试在激进学生看来，"不但感情贫乏，而且史料堆砌"，已经不符合现实"斗争"的需要，"历史科学中两条道路"的抉择，非此即彼，没有折中的答案。①

---

① 戴海斌：《邵循正史学三题》，第 64—65 页。

三、 十七年间的中国近代史研究

中华人民共和国建国后十七年间（1949—1966），中国近代史学界在建立近代史研究体系和整理出版近代史资料方面取得了重要进展。

新中国成立之后，近代史所学人的资料、人力等各方面条件大为优裕，心态也大为从容，罗家伦当年所揭示的理念、方法，不但在台湾地区由其学术继承者郭廷以发扬光大，在与罗氏意识形态对立的中科院近代史所也得以延承发展。"十七年"中的近代史，尤其是外交史，有其延续旧史学"考订派"注重实证传统的一面，主要是整理刊行近代史、外交史的史料，获致丰硕的成果。

王学典指出，1950—1980 年代的史学史，是一部史观派地位上升、史料考订派地位下降的历史。尽管两派的地位置换在 1949 年后成为现实，但在新的格局之下，史料派的研究工作却仍在继续。史料派的研究工作大致可分为两个方面：一是考据话语并未中断，许多学人仍在从事考据作业，其成果照常发表；二是大规模的史料整理工作陆续开展，并且取得了空前的业绩。考据传统之所以能够在新史学的权威刊物中延续下来，主要是当时史学发展的形势使然。1949 年马克思主义史学取得正统地位后，进入了一个新的发展阶段，在充实汇集原有的马克思主义史学力量的同时，还要对异己的学派进行改造，学习马列理论成为当时的一项重要任务。既是学习，当然还没有进入实质性的学术研究，新成立的中国史学会的第一项工作，就是编辑一套中国近代史料。[1]

赵庆云也认为，史料与史观为史家所应兼备，虽有侧重，并无偏废。由唯物史观派主导的近代史研究所即相当重视近代史档案、资料的搜集、整理及传播。整理近代档案史料，承担接受整理民国档案的重责大任，一直是近代史研究所的一项重要任务。[2]

对于史料的重视，可以说是新旧史家的学术共识。1949年之后，史料派与史观派开始合作，进行了大规模的史料整理工作。中国传统史学注重史料自不必说，革命史学家中的一些领军人物原本亦是旧史学的翘楚。如郭沫若是大名鼎鼎的"甲骨四堂"之一；范文澜幼时受过严格的经学训练，年轻时参与过"整理国故运动"；刘大年离世前最后的著述是《评近代经学》。这些革命史学家具有良好的史学专业训练，传承了重视史料基础工作的史学传统。

有计划地整理出版近代史资料是"十七年史学"留下的光彩篇章，这项工作规模庞大、组织有序、作业严谨，学术价值至今仍广受认可。尤有影响者，是几种大型资料丛刊的编辑出版。中国史学会还在筹备阶段时，范文澜就提出编辑"中国近代史资料丛刊"（以下简称《丛刊》）的计划，并立即付诸实施。

---

① 王学典：《近五十年的中国历史学》，第178—182页。
② 赵庆云：《创榛辟莽》，第149—167页。

这一项目的开展与毛泽东的指示和中国史学会的成立直接有关。毛泽东 1942 年在《改造我们的学习》一文中指出："对于近百年的中国史，应聚集人材，分工合作地去做，克服无组织的状态。应先作经济史、政治史、军事史、文化史几个部门的分析的研究，然后才有可能作综合的研究。"《丛刊》的扉页上就印着这段话，尽管编辑《丛刊》并非毛泽东的直接指示，但的确是从毛泽东的意见出发的。1949 年 7 月，中国新史学会筹备会成立，负责人是范文澜，以推动近代史研究为工作重点，立即开始组织《丛刊》的编辑工作。1950 年成立了总编辑委员会，由徐特立、范文澜、翦伯赞、陈垣、郑振铎、向达、胡绳、吕振羽、华岗、邵循正、白寿彝 11 人组成，并确立了各个专题及其负责人。1951 年 7 月，中国史学会正式成立，在此后的十年中，它的主要工作就是编辑《丛刊》：1950 年出版《义和团》（翦伯赞主编），1952 年出版《太平天国》（向达主编）和《回民起义》（白寿彝主编），1953 年出版《戊戌变法》（翦伯赞主编），1954 年出版《鸦片战争》（齐思和主编），1955 年出版《中法战争》（邵循正主编），1956 年出版《中日战争》（邵循正主编），1957 年出版《辛亥革命》（柴德赓主编）和《捻军》（范文澜主编），1959 年出版《洋务运动》（聂崇岐主编），1978 年出版《第二次鸦片战争》（齐思和主编）。《丛刊》这 11 部专题资料共 68 册，2758 万字，涵盖了近代史上的重大政治事件，收录文献资料 1800 余种，其中有些是罕见的珍本、抄本、孤本和外国档案及私人译著。除正文外,《丛刊》还附有"书目解题""大事年表""人物传记"等,极方便学者查检利用,成为此后海内外所有近代史研究的基础。在这一项目中,两派的合作表现得最为明显,从编委会成员组成上看,基本上是各居其半。不过,史料派仍起着基础性作用,各专题的主编者,除翦伯赞、范文澜外,几乎都是史料派学人,即使在由翦伯赞、范文澜主编的书中,史料派也起着基础作用。[1]

对民国遗留档案的整理也是这一时期的一项重要工作。1951年2月1日,中国科学院近代史所成立了南京史料整理处(中国第二历史档案馆的前身),专门负责整理南京国民政府遗留的各机关档案。自1951年成立至1963年,南京史料整理处从南京、上海、北京、重庆、成都、昆明、广州等城市接收和初步整理北洋政府、国民党政府和汪伪政权的档案220余万卷,编制系统案卷400余册、专题卡片25万张。[2] 1956年6月,在范文澜、田家英等人的指导下,南京史料整理处设立史料编辑组,开始编辑《中国现代政治史档案资料汇编》(以下简称《汇编》)。《汇编》于1959年9月完成,共编为4辑224册,2000余万字。限于各种因素,这套资料汇编当时只排印了100套,供少数机构内部查阅,为后来出版的《中华民国史档案资料汇编》

① 王学典:《近五十年的中国历史学》,第180—181页。
② 《中国科学院近代史研究所南京史料整理处工作情况简介》(1963年3月),近代史所档案:《南京史料整理处》,转引自赵庆云:《南京史料整理处与"现代史"研究》,《晋阳学刊》,2020年第4期。

提供了直接的底本。①

　　1954年《近代史资料》创刊，广泛征集档案、函电、日记、著述稿本、回忆录、调查记、地方志、罕见书报、史料长编、年表、统计图表、资料目录、相片、拓片、遗物等，无所不包，仔细考订、整理、出版，极受国内外学者重视。至1966年停刊，共出版35辑，广受好评。②

　　"十七年"间近代史所在学术上有一定建树，其进行学术研究的理念与取径，大多能遵循学术发展的规律，所订立的规模宏大的规划，体现了其学术眼光和学术雄心，改革开放以后学界关于史学发展的一些举措，实际上肇始于"十七年"。同时还须看到，范文澜所倡导的严谨笃实、重视实证、不尚浮华的学风虽经"文革"浩劫仍得以延续，这无疑构成了新时期以来近代史所迅速发展的根本基础。③

　　这十七年的中国近代史研究中也存在着教条化、简单化倾向，而且伴随中国社会对"以阶级斗争为纲"的日益强调，这一倾向更加强化，致使中国近代史研究内容日渐萎缩、视野日渐狭窄、观点趋于僵化。④ 经过1957年反右运动、1958年"史学革命"的摧折，中国近代史的学术研究遭受挫折，研究者如履薄冰，仍然动辄得咎。近代史所一度形成的良好态势中断，科研成果迅速减少，当为不争

① 王建朗：《中国近代史研究70年（1949—2019）》，第6—7页。
② 赵庆云：《创榛辟莽》，第167—176页。
③ 同上书，第394页。
④ 王建朗：《中国近代史研究70年（1949—2019）》，第7页。

的事实。①

就外交史而言，罗志田认为，从"贵古贱今"转变为注重近代史的研究，因反帝的需要，总体的和分国别的帝国主义侵华史成为重要题目，连带着使中外关系史也较前兴旺了许多。②

四、"文革"期间的近代史研究③

接着进入了毁灭学术文化的"文化大革命"。"文革"一开始就取消了所有史学期刊，大学的历史系、专职的历史研究机构，要么不复存在，要么停止科研活动。一个完整的史学界固然已被"政治"彻底同化，但"文革"与"历史"却结下了不解之缘："文革"可以说创造了利用"历史""历史事件"来从事现实政治活动的"奇迹"，"文革"的全过程都伴随着政治对"历史"毫无顾忌的盗用。

换句话说，激进政治对"历史"的使用可以说与史观派内部的激进青年所遵循的思路并无实质的差别。不仅如此，作为当时激进政治思想基础的历史观念，也是那批激进史学青年所固守、所捍卫的东西。对统治阶级、上层精英带着固执的成见，对被剥削阶级、下层民众带着特殊的

---

① 赵庆云：《创榛辟莽》，第 387 页。
② 罗志田：《文革前"十七年"中国史学的片断反思》，第 11 页。
③ 王建朗：《中国近代史研究 70 年（1949—2019）》，第 7 页。

偏爱，认为下层民众的一切都是好的，上流社会的一切总是坏的，既是"文革"赖以发动的思想资源，也是"文革"时期始终占主导地位的观念基调。而这一切，都是当年郭沫若、范文澜、吴晗特别是翦伯赞想用"历史主义"来加以阻止的。①

"十七年"间的中国近代史研究中的教条化、简单化倾向的弊端，在"文化大革命"时期获得极端的呈现，以论带史走向极端，史学研究沦为政治的婢女，严肃的学术研究自然无处容身。"文革"从历史问题开刀，由历史问题推动，史学研究看似重要甚至显赫，但其科学性已经荡然无存。政治对学术的干预和取代，使史学的学术功能严重萎缩。历史学成为政治斗争的工具，其结果是消解了自身存在的基础。有学者统计，十年"文革"期间，中国大陆发表的有关中国近代史方面的文章总共未超过200篇，而其中堪称研究论文的只有一二十篇。

十年"文革"期间值得一提的是中华民国史研究的起步。在"文化大革命"高潮过去之后的1972年，中国科学院近代史研究所成立了由40余人组成的中华民国史研究组，成为国内第一家以"民国史研究"命名的单位。李新等民国史研究先驱者们，运用他们的政治智慧与学术勇气，确定了民国史研究的指导思想、框架结构、研究对象、编纂方法，提出"力求材料可靠，能说清事实，并少作评论"

---

① 王学典：《近五十年的中国历史学》，第168—169页。

的基本方针。他们经过反复讨论，认为民国史的主要内容"是关于统治阶级方面的"，民国史与革命史、中共党史的区别在于，"革命史直接写中国共产党如何领导中国人民进行革命斗争"，而民国史"从另一方面，写统治阶级怎样没落，怎样走向灭亡，也反映了人民群众创造历史"，"只有把两方面都写出来，这段历史才更加丰富"。这一指导思想为后来的研究者所沿用。在极左思潮依然占据主导地位的情况下，中华民国史研究明确以统治阶级作为研究对象，打破了以往统治阶级只作为革命史的陪衬的局限，拓宽了中国近代史研究领域。[1]

1966 年 5 月"文革"开始，邵循正被点名为"资产阶级反动学术权威"，受到抄家、揪斗、下乡（昌平县太平庄）监督劳动、关入"牛棚"等迫害。1967 年 6 月，他被指定参加"二十四史"标点整理工作，在中华书局集中标点《元史》，11 月下旬，他被红卫兵揪回北大批斗。1972年邵循正再次被指名参加标点"二十四史"，继续负责《元史》部分。他于 1973 年 4 月 27 日病逝，终年 64 岁。由于种种原因，邵循正留下来的著作未能充分表现出他的才智所能达到的更高的成就，未能为蒙古史和中国近代史的研究做出更多贡献，这不仅是邵循正个人的遗憾，也可能是他们这一代知识分子带有普遍性的遗憾。[2]

① 王建朗：《中国近代史研究 70 年（1949—2019）》，第 7 页。
② 戴海斌：《邵循正史学三题》，第 65—66 页。

第五章

1949 年后台湾地区的中国外交史研究

1949 年大变局后，国共隔海对峙，两岸都因政治原因高度重视近代史教学。台湾方面加强"反共抗俄""民族精神"教育，大专生必修"中国通史""中国现代史""中国近代史"等课程。近代史、外交史受到重视，带有浓厚的"革命史观""民族主义"色彩，着重宣扬国民党的正统性。唯因冷战格局下，台湾方面加入西方阵营，表面上维持了一点"民主"与"自由主义"味道。

　　民国学术传承在台湾地区也有重组调适及与美国学界之合作与冲突。随着"中研院"史语所迁台，1949 年后的台湾历史学界"史料学派"仍居于正统地位，重视考证史料追求历史真相，继续朝着科学化的方向发展。但是史语所学人多认为近代史研究的学术性不强。台湾地区的中国外交史研究与郭廷以密切相关。

一、 郭廷以与“中研院”近代史 研究所的成立①

"中国近代史"作为一门"学科"的出现，大约到1930年代才逐渐为人接受，然而治近代史的民国学人，在内忧外患之下找不到安放平静书桌之处，或投身政界，或受马克思主义影响，学术研究大多中止。郭廷以则一直潜心学术，他在1928年已创拟《近代中国史》19册规模宏大的写作计划，并有意与罗家伦、蒋廷黻合撰近代史以供一般民众阅读。1930年代，他陆续推出一系列编年系事的"史事日志"型著作。

郭廷以除专业的近代史研究外，也注重通史，1940年代计划撰写一部教科书性质的《中国通史》，草成而未出版。② 他后期出版的三种专书，《台湾史事概说》《俄帝侵略中国通史》和《近代中国史纲》均为通史性质，足称"融会贯通的成熟之作"。王尔敏总结其师史学的特色，"既是长于年代学，宗旨乃是建立史学通识"。王氏指出民国历史学界"主流风气"是以方法为重的"科学史学"，着重那种问题取向的、窄而深的考证、考异、辨伪、订误、质疑、

---

① 本节多处参考戴海斌：《郭廷以与罗家伦、蒋廷黻的早期学术交往》，台北《传记文学》第99卷第1期，2011年7月，第16—24页；戴海斌：《"中国近代史"学科史之一页：郭廷以早期学行述略》，上海市社会科学界联合会编：《中国百年学术路——古今中西之间（1911—2011）》，上海：上海人民出版社2011年，第45—55页。

② 郭廷以：《〈中国通史〉引论》，收于王尔敏：《20世纪非主流史学与史家》，桂林：广西师范大学出版社，2007，第45页。

翻案等，与传统学者强调的"贵通人不贵专家"的观念格格不入。蒋廷黻、郭廷以则以治重大问题为宗，远离 1930 年代主流风气。[①] 蒋廷黻在主持清华大学历史系时，就主张考据与综合并重，实则偏向于为综合史学鸣锣开道。[②] 郭廷以与蒋廷黻共事于清华，对历史之宏观理解多所共鸣。蒋氏在抗战期间写出大纲性的《中国近代史》，郭氏对这一本薄薄的小册子倍极推崇。

郭廷以出身东南大学，"南高学派"对"科学史学"持批判立场，他们不满于唯考据是尚而不能兼顾义理的学风，坚持不应为追逐史料而迷失整体。郭氏自认为"柳（诒徵）先生教我看书，徐（养秋）先生教我方法"，而后者的治学特色在于强调综合、比较，富有宏观视野。[③] 治近代史则受罗家伦、蒋廷黻影响，戴海斌指出，回顾郭廷以在 1930—1940 年代的史学活动，距离"科学史学"的主流确实稍显迂远，更与后来渐成气候的马克思主义史学毫无渊源。至于他在台湾地区草创近史所，进而培育成一南港学派，真正称得上"自具源流，自辟进境"，而他较显特殊的教育背景和治学取向，也成为近史所与史语所之间产生持续紧张的远因。[④]

郭廷以于 1949 年 12 月前往台湾地区，任教于台湾省

① 王尔敏：《南港学派之史学宗风及其学术成就》，《20 世纪非主流史学与史家》，第 219 页。
② 桑兵：《晚清民国的国学研究》，上海：上海古籍出版社，2001，第 81—82 页。
③ 郭廷以：《郭廷以口述自传》，第 94—95 页。
④ 戴海斌：《郭廷以与罗家伦、蒋廷黻的早期学术交往》，第 22 页。

立师范学院史地系，并曾任文学院院长，陆续写了一系列
论文，集中讨论近代中外关系、中国与世变、西洋文化的
输入及其反响等问题。他对郭嵩焘、曾纪泽、薛福成这些
较快对西方做出适应的近代人物推崇备至，在蒋廷黻的提
议和督促下，他与多位弟子合撰《郭嵩焘先生年谱》，几经
周折，最终在 1971 年出版。[①]

　　1955 年郭廷以被任命为"中研院"近代史研究所筹备
处主任，坚定继承罗家伦、蒋廷黻的路子，擘画创建养成
人才，使得这个新创的学术机构迅速成长为近代史研究重
镇，孕育出享誉国际学界的"南港学派"，[②] 可谓中国近代
史研究承上启下的关键人物。

　　近代史研究所的筹划和设立，是朱家骅[③]一手促成的，
他在 1936 年担任中研院总干事（1936—1938）之后，即已
看出中国近代史研究工作的重要。1940 年朱氏担任代理院
长，在重庆曾与史语所所长傅斯年商谈数次，但因种种困
难迟迟未能推进。迨"中研院"播迁到台湾地区，朱氏费
心安顿，至 1954 年在南港建立基础，积极筹备重建工作，

① 陆宝千：《我和量宇师的铎瑟因缘——前缘后分皆合如水》，《郭廷以先生门
　生故旧忆往录》，第 552—553 页。
② 参见陈三井编：《走过忧患的岁月——近史所的故事》，台北："中研院"
　近代史研究所，1995；杨金华：《近代中国"南港学派"的兴起与传衍
　（1955—1985）》，华中师范大学历史文化学院博士学位论文，2020 年 5
　月。费正清在当时把"中研院"近史所称为"南港学派"，将其视为全球
　范围内中国研究一个重要据点，与他所在的哈佛大学和美国西岸的华盛
　顿大学相提并论。参见王晴佳：《台湾史学 50 年》，第 46 页。另外，日本
　学界常称之为"台北学派"，李国祁则用"中国近代史学派"一词。
③ 朱家骅（1893—1963）浙江吴兴人，获德国柏林大学地质学博士，1924
　年返国历任北京大学、中山大学教授及各党政要职。

除恢复原有研究所外，并规划新增研究所。

新增研究所可以近代史研究所为代表。朱氏曾建议史语所所长董作宾延聘姚从吾、张贵永、郭廷以等研究近代史，董氏犹豫迁延。[①] 1953 年台湾地区立法机构要求朱家骅在研究院内开展中国近代史研究，以为当局反共抗俄、反攻大陆提供历史殷鉴及决策依据。在各方再三要求之下，朱氏决定申请外援，1954 年秋"中研院"准备中英文备忘录，托顾维钧与美方接洽。

美国智库与学界的助力，是南港近史所设立、成长与茁壮的关键因素。美国政府鉴于 1949 年新中国的崛起，以及 1953 年朝鲜战争的挫败，为应对东亚国际新局势，必须知己知彼研究中国，于是朝野一致共识，各个大学纷纷设立了中国研究中心，以西雅图华盛顿大学远东与苏联研究所、哥伦比亚大学东亚研究所、哈佛大学东亚研究中心为三大重镇，在费正清、韦慕庭（Martin Wilbur）等人引领之下，美国的中国学研究突飞猛进。由于缺乏原始档案，加以与中国大陆敌对隔绝，向台湾寻找潜在的合作伙伴成为他们的最佳选择。亚洲协会、西雅图华盛顿大学、哥伦比亚大学、哈佛燕京学社、哥伦比亚大学、福特基金会等纷纷将触角伸向台湾地区。

在了解新中国务实动机的驱使下，太平洋国际学会

---

① 王聿均：《朱家骅与近代史研究所》，收于陈三井主编：《走过忧患的岁月——近史所的故事》，台北："中研院"近代史研究所，1995，第 192—199 页。

（Institute of Pacific Relations）秘书长霍兰（William L. Holland）向洛克菲勒基金会人文部（Humanities Division，Rockefeller Foundation）争取经费，委托费正清与邓嗣禹合编《冲击与回应》，挑选了部分一手中文资料并翻译成英文。费正清挑选的资料在内容层面上，超越了《三朝始末》及蒋廷黻的《近代中国外交史资料辑要》，涵盖了当时的思想、文化及社经观察等史料。但外交档案还是费正清的主要着眼点，他从《三朝始末》中挑出 10 件 1839—1876 年的外交文件，其他的文件则是从时人文集中挑出。深究《冲击与回应》编纂体例，其实与蒋廷黻《近代中国外交史资料辑要》十分类似，两人都将史料编年排列，将各章定为不同主题，各章下的各节都有引言，简介时代背景和问题意识。

费正清始终致力于研读《三朝始末》，并指导他的研究生一窥堂奥。他的得意门生芮玛丽（Mary Wright）在熟读《三朝始末》后，写出了《同治中兴》①，给予晚清的近现代改革相当高的评价。该书总结道：《筹办夷务始末》记载着中国在处理外国事务时，劳心劳力、历经挫折后推敲出的现代外交政策。虽然中国在时势逼迫下，制定的外交政策大原则是文明（civil），但是中国的长期战略，仍以发展军事力量作为重点国策；道尽了晚清自强运动重臣们，一

---

① Mary Wright, *The Last Stand of Chinese Conservatism: The T'ung-Chih Restoration, 1862–1874*, Stanford University Press, 1957. 中译本见芮玛丽著，房德邻等译：《同治中兴：中国保守主义的最后抵抗》，北京：中国社会科学出版社，2002。

方面以外交斡旋争取时间，另一方面努力追求军事现代化时的高瞻远瞩与无可奈何之情。然而由外国人阅读文言文原始史料毕竟太过艰难，所以必须培养以中文为母语的中国史研究人才，美国学界对于"中研院"近代史研究所的成立非常关注，给予一连串的资助。[①]

1954 年美国"自由亚洲协会"更换在台负责人为耶鲁大学政治系教授饶大卫（David N. Rowe），[②] 并更名为"亚洲基金会"（Asian Foundation）。饶大卫看到"中研院"的备忘录，12 月 10 日与朱家骅会晤，就与"中研院"开展学术研究合作交换意见。15 日再度晤谈，饶大卫表示有意补助近代史研究，可自次年起初步补助 1 万到 1.5 万美元，这是促成朱氏决心创设近代史研究所的重要原因之一。华盛顿大学远东及苏俄研究所所长泰勒（George E. Taylor）教授也希望获得中国方面的原始资料，致函朱氏讨论，12 月朱氏以郭廷以名义复函。此时，"中研院"增设近代史研究单位已呼之欲出，并已内定由郭廷以主持。

郭廷以拟定《中国近代史研究所计划大纲草案》六条：

一、本所初步工作在搜集整理 19 世纪以来有关中国之

---

① 以上几段参见张志云、侯彦伯、范毅军：《了解中西交往的关键史料——〈筹办夷务始末〉的编纂与流布》。

② 饶大卫（David Nelson Rowe，1905—1985），出生于南京，其父为美国传教士，1935 年取得芝加哥大学历史学博士学位，1935—1937 于哈佛大学进行博士后研究，1937—1938 在北平学习，受业于洪业，后任教于普林斯顿大学、耶鲁大学。洪业（William Hung，1893—1980），福建侯官（今福州）人，留学美国，获文学学士、硕士及神学博士，后任燕京大学历史系主任，1924 年创立哈佛燕京学社，1930 年创建哈佛燕京学社引得编纂处，先后编纂出版中国经史子集的引得 64 种 81 册，对提升国际汉学研究厥功至伟。饶大卫在北平时曾追随洪业做《三朝始末》索引。

中外史料，进而从事专题研究。

二、国际关系为近代中国历史之枢纽，实即本所研究之主要对象。尤侧重于俄、日、美及东南亚诸国与中国之接触。

其他四条为：西力冲击与中国近代化研究、中国国民党研究、人力需求、开办经费等。此即致饶大卫、泰勒等信函之主要内容，成为日后合作之基础。同时，朱家骅苦心孤诣突破重重障碍与阻力，艰苦抱病完成法规程序，护持近史所的诞生与成长。①

1955 年 1 月 30 日，朱家骅不顾史语所多数同仁的反对，正式聘请郭廷以为近代史研究所筹备处主任，并聘张贵永为专任研究员，陶振誉为兼任研究员。郭廷以一度不愿就任，但在院长朱家骅、总干事周鸿经的反复劝慰下，只得临危受命。

2 月 1 日筹备处正式成立，郭廷以暂借台湾大学图书馆一个房间，开始工作。"亚洲基金会"补助 1 万美元，作为购书经费，交换条件是近史所要编纂《道咸同三朝筹备夷务始末索引》。3 月中郭廷以又聘请杨绍震为专任研究员，王聿均、李毓澍、黄嘉谟为副研究员，李国祁、吕实强、贺凌虚、吕士朋为助理员。4 月迁入云和街办公，开始搜集中外史料及编纂工具书，由杨绍震率领几个年轻助

---

① 王聿均：《朱家骅与近代史研究所》，陈三井：《走过忧患的岁月——近史所的故事》，第 202—203 页。杨金华：《近代中国"南港学派"的兴起与传衍（1955—1985）》，第 50—53 页。

理员开始编纂《三朝始末索引》。

《三朝始末索引》之编辑工作始于 1930 年代，倡始者是创立哈佛燕京学社的洪业，后因全面抗战爆发而中止，材料由洪业的学生饶大卫带回美国继续编辑，最后借着近史所成立而克尽其功，1938—1960 年这 22 年的编辑成果就是《清代筹办夷务始末索引》（*Index to Ch'ing tai Ch'ou Pan I Wu Shih Mo*，Hamden, Conn. : Shoe String Press, 1960，以下简称《始末索引》）。饶大卫在《序言》中交代编辑索引工作的艰辛云：

> 如此浩大的工作绝非一人之力可完成。在 1938 年，我还在北平读书，受业于哈佛燕京学社的洪业教授时，就着手进行这项工作，……我在 1938 年返美，当时洪教授门下还有几名编辑者继续进行这项工作，之后约有一万七千张条目卡片寄到普林斯顿大学给我。……重启这项工作的契机则是在 1954 年我回到了台湾，当时的近代史研究所所长郭廷以教授即着手进行我带来的资料，再由近史所杨绍震教授带领一批研究助理再度开始这项工作……这项工作是集合众人之力而成。①

洪业之于饶大卫与蒋廷黻之于费正清依稀体现了相似

---

① David Rowe ed. , *Index to Ch'ing Tai Ch'ou Pan I Wu Shih Mo*，Hamden, CT: Shoe String Press, 1960, pp. x - xi.

的学术脉络：蒋廷黻与洪业都在 1930 年代发现《三朝始末》的重要性，指导后进着手整理。不同之处在于，蒋氏对《三朝始末》进行"利用""补遗""新编"的工作，而洪业则开始索引编辑的工作。蒋、洪两位奠定的基础，被他们的美国学生带到了美国，1949 年之后，这种坚实的训练再由当年的美国学生引进台湾地区。①

近史所赖以生存的老本《外交档案》，源自叶公超的主动提议。迁台之初，大批国民党运台档案由于财政支绌，管理经费异常匮乏，不计其数的档案文书堆积在黑暗潮湿的仓库里，随时面临虫蛀水没的危险。叶公超与朱家骅商议，可否将之交由"中研院"统一保管。朱家骅认为《外交档案》是可资近史所生存的基石，欣然同意。②

1955 年 6 月底，近史所与外交事务主管部门接洽，将该部门清末至北洋时期之档案移交该所。③ 8 月 20 日郭廷以、陶振誉、周鸿经与外交事务主管部门司长朱抚松同赴汐止查看档案。10 月，外交部将《外交档案》（总理衙门、外务部、北洋外交部，1861—1928）189 箱托交（1927 年以后 35 箱暂不开箱）④。自此，近史所拥有宝贵一手外交

---

① 张志云、侯彦伯、范毅军：《了解中西交往的关键史料——〈筹办夷务始末〉的编纂与流布》，第 95—96 页。
② 杨金华：《近代中国"南港学派"的兴起与传衍（1955—1985）》，第 59—60 页。
③ 王聿均：《朱家骅与近代史研究所》，陈三井：《走过忧患的岁月——近史所的故事》，第 218—220 页。
④ 《王聿均先生访问记录》，陈仪深：《郭廷以先生门生故旧忆往录》，"中央研究院"，2004 年 4 月，第 41 页。杨金华：《近代中国"南港学派"的兴起与传衍（1955—1985）》，第 60 页称 175 箱。

史料，为海外研究近代中国的大学及研究机构看重，合作计划源源而来，财源大开，至此近代史研究所筹备处可说是根基初具。①

郭廷以决心出任新职，致力于将近史所打造成一个顶尖、开放的纯粹学术交流平台。8 月他分别致函哈佛大学东亚研究中心、哥伦比亚大学东亚研究所、西雅图华盛顿大学远东学院等海外学术机构，告知近史所筹备情形及研究计划，并请随时联系。郭氏尽力争取美国方面的经费支援，在内外多艰的情况下，努力推动近史所的筹备工作。②

蒋廷黻对于台北近史所的成立很关心，他在纽约任台湾驻联合国"代表"时，第一时间得知近史所即将成立，并由老友郭廷以主持，十分欣喜，"力赞设所"。③ 1956 年蒋廷黻前往近史所参观，对发展寄望甚殷。1958 年郭廷以赴美，在华盛顿与蒋廷黻畅谈，蒋氏对如何将近史所打造成国际学术重镇提出种种建议。蒋氏回台北述职时，多次到近史所参观，表示："近百余年之中国史研究之问题至多，吾人如努力以赴，成就绝非外人所能比。如一旦不再担任外交工作，仍愿回到本行。"④ 两人一直保持密切的交

① 李国祁：《忆量宇师》，陈三井：《走过忧患的岁月——近史所的故事》，第 36 页。
② 杨金华：《正本清源：郭廷以与"胡适派"学人关系新论》，《台湾研究集刊》2019 年第 2 期，第 94—97 页。
③ 吕实强：《"中央研究院"近代史研究所三十年史稿，台北："中研院"近代史研究所，1985，第 10 页。引自杨金华：《郭廷以与蒋廷黻学术交游新考》，台北《传记文学》第 124 卷第 2 期，2024 年，第 20 页。
④ 陆宝千等整理：《郭量宇先生日记残稿》，台北："中研院"近代史研究所，2012，1958 年 5 月 20 日、7 月 9 日，1959 年 3 月 29 日，引自杨金华：《郭廷以与蒋廷黻学术交游新考》，第 20—21 页。

流，砥砺学术。1965 年蒋廷黻退休后，想回近史所重理旧业，然而在美病发离世，消息传回，郭廷以"怆痛久之"。①

蒋廷黻、罗家伦"建立科学的近代史"的宏大理想，由郭廷以在台湾地区发扬光大。蒋、郭二人对近史所发展的理念接近，诸如重视学术梯队及图书资料建设、从最基础的史料整理出发、秉持学术至上的学术交往理念等。郭廷以黾勉力以赴，从允诺出任近史所筹备主任那天开始，就立志通过踏实稳健的方式，一步一步去打造他心目中的学术圣地。

1. 大力搜购图书资料。为了将公开付梓的出版品尽量购置，郭廷以不仅在 1956 年前往书籍流通发达的香港实地调研，还多次委托学界友朋代为留意，在各方努力之下，近史所中文图书建设进展十分顺利。西文图书方面，亚洲基金会驻台代表饶大卫允诺将无偿赠送价值 1 万美元的英文图书和期刊，以帮助近史所叩开西方学术的大门；该会还专门拨款 2000 美元，资助近史所采购图书和编纂《始末索引》。② 不久，亚洲协会再次捐赠 384 册西文图书，近史所一跃成为"中央研究院"乃至全台西文图书储量最多的机构。后来又得到福特基金会及台湾相关部门专款补助，大量购书，并向美、日、法、德诸国订购大批档案显微胶

---

① 陆宝千：《郭量宇先生日记残稿》，1965 年 10 月 10 日，引自杨金华：《郭廷以与蒋廷黻学术交游新考》，第 25 页。
② 王聿均：《"中央研究院"近代史研究所大事纪要》，台北："中研院"近代史研究所，1985 年，第 1—3 页。

卷，购置映读机成立映读室。①

2. 举办学术报告会。1956 年 3 月开始，近史所每两周举办一次同仁学术讨论会，不定期举办书评会、演讲。

3. 编印各类档案资料。近史所接收了《外交档案》之后，史料整理工作逐步展开。在 1970 年之前，近史所的史料编纂计划，主要有《始末索引》、"海防档"、"中法越南交涉档"、"教务教案档"、"近代中国对西方及列强认识资料汇编"等。

通过对原始档案的编整、校对，青年研究人员可以获得扎实的档案学训练，由是迅速进入历史语境，为之后的学术研究打下了坚实的基础。李国祁回忆道："他（郭）对我们的训练一切由根本做起，由查资料，到编索引，圈点文章，编写提要目录，……颇有点像旧式的师徒制，……看似无聊，但这种基本训练使我们对史料的认识、文字的磨炼、学术工作的体验，均有很大的帮助。"②

4. 发行《"中央研究院"近代史研究所集刊》。郭廷以多次提议发行集刊，碍于人力物力所限，一再延宕。1968 年 4 月集刊出版提案正式敲定，拟定了具体的编印办法，遴选编纂主任、委员、执行编辑人选。1969 年 8 月，首期集刊正式面世，《缘起小志》云：本所设置之初，由于人力及设备的限制，只能于可能范围之内，就现有的条件，先

---

① 杨金华：《近代中国"南港学派"的兴起与传衍（1955—1985）》，第 54—57 页。
② 李国祁：《忆量宇师》，《走过忧患的岁月》，第 37 页。

从事于史料的整理编纂，近数年来，比较侧重于专题研究，现在时机成熟，决定出集刊。

二、"南港学派"与中国外交史研究

郭廷以独特的人才培养模式，造就了许多英才。除了中央大学迁台前的学生王聿均、李毓澍、黄嘉谟三人外，1955—1968 年进入近史所的主要是靠朋友推荐（台大出身者）及成绩筛选（台师大出身者），共约 40 人。这些年轻人原来并没有受过扎实的学术训练，以助理员身份进入近史所后，郭廷以从基本史料整理编纂开始，培植其深厚根基，两年后再依据各人兴趣选择研究方向，提笔写专题论文，学习观摩如何找题目、搜集材料、做注脚、写论文。郭廷以除个别指导外，还让他们在讨论会中做报告，互相攻错，并常在讨论会做出精辟的总结意见，对年轻人帮助很大。郭氏进而争取到福特基金会支持，送近史所年轻研究人员共 20 人赴美、英、日、法进修或搜访研究资料，与各知名学府建立长期稳定的合作关系。另有十多人离职至海外攻读学位，其中有四人（李国祁、陈三井、王树槐、李恩涵）后来又回所服务。这批新人逐渐茁壮，从 1961 年第一本专刊出版，到 1975 年郭廷以过世为止，已出版 34 本，成为学术新锐进入学界的敲门砖，郭廷以将这些专刊寄送海外各大学及学术机构，广受好评，为近史所赢得国际声誉。同时，美国各校也派遣不少学者及研究生到近史所做研究，其中许多人成长为中国近代史研究大家。①

郭廷以致力于与国际名校、研究机构进行学术交流，近史所陆续与西雅图华盛顿大学、哈佛大学、东京大学、京都大学、伦敦大学等海内外史学重镇建立合作网络，深得费正清、韦慕庭、何廉、萧公权、杨联陞的支持与赞赏。② 在诸人协助之下，近史所先后得到亚洲基金会、华盛顿大学远东及苏联研究所、福特基金会的资助，快速成长，成为"受到国际尊敬且具影响力的研究近代中国的中心"。1960 年又与哥伦比亚大学签订口述历史补助计划，后来福特基金会继续支持，让口述历史计划留下不少时代见证文字。③

1955 年初近史所筹备处刚成立，华盛顿大学远东及苏联研究所较早支持，并极力促成郭廷以 1957 年首次赴美学术交流。1958 年双方签订两年共 8000 美元的补助协议，最后完成了《中俄关系史料》9 册、《中美关系史料》2 册、论文 9 篇。

福特基金会 1959 年决议拨款 3000 万美元于东亚研究，2 月该会国际训练及研究计划负责人埃弗顿（John Everton）来台调查，并赴近史所与郭廷以详谈。双方经两

---

① 杨金华：《近代中国"南港学派"的兴起与传衍（1955—1985）》，第 64—70 页。
② 杨金华：《郭廷以与吴相湘缘何走向对立》，台北《传记文学》第 116 卷第 1 期，2020 年第 65 页。
③ 杨金华：《近代中国"南港学派"的兴起与传衍（1955—1985）》，第 70—88 页。

年之接洽，近史所得到为期 5 年共 15.3 万美元的援助，得以继续整理档案资料，恢复口述历史，并送年轻研究人员出国深造。第一期福特补助计划成效显著，随即再度获得福特基金会第二期援助 27 万美元。[①]

郭廷以继承罗家伦、蒋廷黻的学术道路，在台湾地区开创重视原始档案的学风，奠定"南港学派"的基础。不同于史观派的理论先行，郭廷以坚持先从基本档案整理入手，培养青年学人对史料的兴趣与历史感，再开展专门的学术撰述。

"中研院"近史所以《外交档案》为起家老本，最早以整理出版为主要工作，得到华盛顿大学远东及苏联研究所、福特基金会支持，出版了《中国近代史资料汇编》如下：

《海防档（1861—1911）》（1957 年）

《中俄关系史料》甲编（1917—1919）9 册（1959—1962 年）、乙编（1920）3 册（1968—1969 年）、丙编（1921）3 册（1973—1975 年）

《矿务档（1865—1911）》8 册（1960 年）

《中法越南交涉档（1875—1911）》7 册（1962 年）

《道光咸丰两朝筹办夷务始末补遗（1842—1961）》1 册（1966 年）

《四国新档（1850—1863）》4 册（1966 年）

① 杨金华：《郭廷以晚年缘何赴美未归》，台北《传记文学》第 114 卷第 6 期，2019 年，第 42—43 页。

《中美关系史料（1805—1974）》3 册（1968 年）

《近代中国对西方及列强认识资料汇编》6 册
（1972—1986 年）

《清季中日韩关系史料（1864—1911）》11 册
（1972 年）

《教务教案档（1860—1911）》21 册（1974—
1981 年）

《中日关系史料（1912—1916）》10 册（1974—
1986 年），后来还陆续出版 1917—1927 年部分（至
2000 年为止）

大部分是从《外交档案》各宗的清档，选择重要的部
分整理编辑出版，让学界在档案原件公开前，得以使用其
中部分做研究，对促进近代史（尤其是外交史）研究，帮
助甚大。另外有两种，不是直接整理档案出版者，也甚富
学术意义与价值。其中《道光咸丰两朝筹办夷务始末补遗
（1842—1961）》的刊印，特别具有中美间贯穿两代学术因
缘的意义。1930 年代蒋廷黻在大高殿查档编纂《始末补
遗》时，费正清曾陪同一起工作，由于费氏研究的题目是
1843—1854 年的条约体系，他从《始末补遗》稿本中抄录
了该时段的原档 826 件。费正清返美之后，这份抄录档保
存在哈佛大学。蒋廷黻编辑整理的《始末补遗》全套稿本
则保存在清华大学图书馆，抗战时毁于战火。1963 年郭廷
以赴美进行研究访问，时任驻美"大使"的蒋廷黻告以费

正清处可能还存有部分抄本，郭氏于访问哈佛大学时，得知费正清的抄本还在。由于郭氏在 1930 年代也曾随同蒋廷黻到过大高殿，深知该批史料的重要性，遂请费正清将这批抄本寄给蒋廷黻过目，再转寄至近史所整理，将费氏之抄本与《三朝始末》《四国新档》比对，剔除重复后，定稿共 708 件档案约 50 万字，1966 年出版。费正清在该书序言中写道：

> 其时《清代筹办夷务始末》出版未久，清华图书馆并且收藏一批补遗文献，抄自北平大高殿所藏军机处档案。为了研究缘故，我获准从这些文件中选抄若干，后来带回哈佛，收藏至今，……郭量宇（廷以）教授来游哈佛，对之竟感兴趣，真是使我欣喜。①

可惜蒋廷黻已于前一年 10 月过世，来不及为此书写序。

有趣的是，蒋廷黻编纂的《始末补遗》稿本另有副本一直存放在北京大学图书馆，北京大学于 1988 年影印出版九册的《始末补遗》，其序言云：

> 《筹办夷务始末补遗》（稿本）是在三十年代清华大学历史系主任蒋廷黻教授主持下，辑录故宫大高殿军机处档案而成书。体例一仍《筹办夷务始末》，……

---

① 费正清：《序》，"中研院"近代史研究所编，《道光咸丰两朝筹办夷务始末补遗》，1966，第 1—2 页。

补《始末》之缺，详《始末》之略，故名补遗。……
美国学者费正清曾抄录《补遗》的部分内容，在台湾
发表，……可惜的是，这部分史料仅从道光二十二年
（1842）始至咸丰十一年（1861）止，割裂了史料的系
统性，学者们无不引以为憾。[1]

显然北京大学不甚清楚其中经过之原委，但是终于让《始
末补遗》的全本重见天日。[2]

此外，《近代中国对西方及列强认识资料汇编》的出
版，也颇具学术意义。近史所在完成《始末索引》与《四
国新档》后，仿照费正清编纂《冲击与回应》的模式，编
纂由中国观点出发的近代中国史料汇编。1959年郭廷以提
议："以中国政府与民间对于西方的理解、言论、研究、应
付方策为主体。至于中外交涉之由来及其经过，则不在其
范围内。换言之，这是西力东来以后，国人对列强世界的
观念与对策之史料，有别于一般中外交涉事实之史料。"[3]

一开始预计将1821—1927年史料编为八辑，计划十分
宏大，主事者胡秋原云：

　　　　我们的工作有三，一是资料选录之事：这包括搜

---

[1] 《序》，蒋廷黻编：《筹办夷务始末补遗》，北京：北京大学出版社，1988，
第1册，第2—3页。
[2] 张志云、侯彦伯、范毅军：《了解中西交往的关键史料——〈筹办夷务始
末〉的编纂与流布》，第102—103页。
[3] 《第一辑序言》，胡秋原：《近代中国对西方及列强认识资料汇编》，台北：
"中研院"近代史研究所，1972，第一辑，第1分册，第1页。

集材料、选择材料、抄录、标点、分段、更正原文错误，并注明来源；二是整理之事：我们不可像丛书体裁，变成资料堆栈，必须将这些数据整理得像一个百货公司……；三是参考资料之准备：这包括作者小传以及选件之来源，大事年表，包括著作出版，及有关人物之生卒年代。此外，还应加上重要名词索引及引用书目。①

　　这项艰巨的计划于 1972 年第一辑第一、二分册编完后，因近史所"工作重心渐由编纂转趋研究"而告中断。到 1982 年吕实强任所长时，决定接手这一重担，并于 1990 年完成了第二至五辑的编纂工作，最终成果就是近史所历四任所长、为期 31 年编纂完成的《近代中国对西方及列强认识资料汇编》（以下简称《认识资料汇编》）。由于初期的构想过于宏大，最后结果只涵盖了 1821—1911 年，虽不免有遗珠之憾，但仍是研究中国近代史重要的一手资料汇编。

　　郭廷以拟定的近史所《计划大纲草案》中，第一条是整理中外史料，第二条是"国际关系为近代中国历史之枢纽，实即本所研究之主要对象"，可见自始对外交史就有相当程度的重视，加以年轻助理员都以整理《外交档案》入门，选择研究题目时，自然多以外交史为范围。

　　郭廷以鼓励年轻研究人员在整理档案的基础上做专题

---

① 《第一辑序言》，胡秋原：《近代中国对西方及列强认识资料汇编》第一辑，第 1 分册，第 3 页。

研究，1961 年开始出版专刊，当年有李毓澍《外蒙古撤治问题》、黄嘉谟《甲午战争前台湾之煤矿》、李国祁《中国早期的铁路经营》等 3 本，与外交史都有关连。1961—1970 年出版 27 本专刊，与外交史相关的占了 21 本。1971—1980 年出版 13 本专刊，与外交史相关的占了 8 本。1981—1986 年出版 15 本专刊，与外交史相关的占了 5 本。基本上，在"中国现代化的区域研究"（1981 年开始出版）集体研究计划以前，外交史是近史所整理史料与专刊出版的主要方向，也可说是"南港学派"早期的基本研究领域。

郭廷以拥有良好的政治人脉与学术资源，诸如近史所所长的官方地位、蒋经国的赏识、罗家伦的支持，足令韦慕庭、费正清心向往之。然而他在本质上还是一个纯粹的学者，关心的是如何将近史所打造成一座在国际学术界占据一席之地的学术殿堂。在 1970 年之前，近史所编纂了一系列档案汇编，并开始出版专刊，赢得崇高的学术声誉。得益于长期的档案整理与口述记录，加以开放的学术交流理念，近史所的学术影响力扶摇直上，短短几年时间，迅速跻身国际主流学术界，这在白色恐怖氛围肃杀和学术风气异常保守的台湾地区，不可谓不是一个奇迹。[①]

福特基金会资助近史所的宗旨是：引进美国资金、保护台湾地区学术独立研究、为美国学者学生提供海外中国研究基地。1973 年 7 月 31 日美国哥伦比亚大学韦慕庭教

---

① 杨金华：《郭廷以与吴相湘缘何走向对立》，第 66 页。杨金华：《郭廷以与蒋廷黻学术交游新考》，第 22 页。

授撰写《福特基金会报告与近史所》的评估指出，基金会补助近史所的目的在协助该所成为中国近代史的研究与出版中心，并有助于美国和全球学术界更加了解中国。"我认为补助近史所是明智且具远见之举，这笔经费得到审慎与有效的运用，重振了台湾的中国史学研究品质，也提升近史所成为一个受到国际尊重且具影响力的研究近代中国的中心。"对于近史所出版的专刊，"不论是在开创或检讨已有的历史解释方面，对其所属领域具有重要贡献。有几本专刊似乎特别针对美国最近出版的有关19世纪中国的研究，提出更完整的研究与不同的解释"。并提及刘广京说他对最近出版的几本高水准专刊印象深刻，最近出版的六本专刊中，他发现有四种特别杰出，其中至少有两种的素质之高、论证之详，不亚于主要美国大学所出版的多种中国近代史研究成果。这些新的著作价值在于开发中国的观点，但又不像同时期中国大陆的学术著作，受到意识形态的影响。还强调，美国和欧洲学者若对史料不熟悉，都能得到近史所研究人员亲切的指点与协助。盛赞郭廷以的贡献。[1]

然而，郭廷以坚持学术研究本位、不肯附和反共政治宣传的做法，招致不少人的批评；而他与美国学界密切合作，为近史所争取到大笔美援，更让台湾学界欲分润而不可得者妒恨有加。加以他不善于处理人事纠葛，近史所内

---

[1] 陈三井：《走过忧患的岁月》，第240—246页。

对他不满者挟怨对外放话扭曲，致使他不断遭到攻讦，多次请辞，最终不安于位，离职赴美。

1958 年就发生吴相湘攻击近史所印刷《海防档》贴字条事件，郭廷以因而向院长胡适负荆请罪，好在得到胡适的谅解，次年吴相湘又致函胡适告状。当时台湾方面财政支绌，学界经费拮据，竞相争取美国高校与民间基金会的资助，而郭廷以屡屡为近史所争取到高额美援，让许多眼红者忌恨。哥伦比亚大学教授何廉与东亚研究所韦慕庭共同推动该校民国政治外交人物如胡适、李宗仁、宋子文、顾维钧等的口述历史计划，郭廷以也注意到口述历史的重要性，1959 年 11 月赴美时结识何廉，韦慕庭也得知近史所推动口述历史，与郭廷以就口述访问人选、补助金额、实施方式达交换意见，在何廉、唐德刚的支持协助下，1960 年 8 月签署为期两年、总数 8000 美元的资助协议。当时台大历史系教授吴相湘与哥大做陈诚的口述计划未能成功，吴氏取得近史所内部消息，大肆攻讦郭廷以，郭氏再次向胡适极力请辞，又被慰留。

福特基金会的巨额补助引发更大的风波。1959 年前后福特基金会将补助范围由本土扩大到远东，远东国际训练与研究计划主持人埃弗顿赴台调查近史所组织、经费、研究计划，探询合作的可能性。在胡适、郭廷以、韦慕庭、费正清共同合力下，该基金会于 1961 年 11 月通过近史所提交的补助申请，为期 5 年，总数 15.3 万美元。郭廷以为减轻外界对近史所的批评，与胡适商议，建立专门的"学术咨询委员会",制定相关规章以有效管理这笔巨款,并让所外人员也可以申请。然而,12月26日有报纸刊出郭廷以得到福特基金会资助的报道,但未提及"咨询委员会"及所外人员可分享,造成近史所一家独享的误解,引起台大历史系姚从吾、吴相湘等的攻诘,郭廷以又向胡适请辞,胡适一度同意,后在韦慕庭介入下才收回成命。①

"出卖国家档案风波"则是压垮郭廷以的最后一根稻草。费正清1930年代在北平时,应即与郭廷以结识,二战后费正清在哈佛主持中国研究,不断扩大学术版图。近史所筹备成立后,双方交流频繁,费正清觊觎国民党迁台的大批档案,试图将台湾地区纳入他主导的全球中国大陆研究网络中,多次询问《外交档案》提供外国学者使用之事。郭廷以在美国学者要求及国民党政治忌讳之间拿捏,对到馆查阅之外国学者尽可能提供便利。同时近史所年轻学人赴美进修时,费正清也都奖掖有加,双方合作应属平等互惠。

美国学界对这批档案兴趣很高,多次要求复制民国史料,郭廷以对与外国人合作之事十分慎重。1963年底,由郭氏居间运作,得蒋经国指示:在台摄制研究资料,由近史所主持其事,再由中美人士合组委员会筹备进行。美国各大学及图书馆均有意参与,费正清拟在美国筹募巨款进

---

① 以上两段参见杨金华:《郭廷以与吴相湘缘何走向对立》,第53—59页。

行此事，但因被政敌批评为"亲台派"，此事胎死腹中。1966 年费正清在美国主张将中国大陆纳入世界体系，又提议应让中国大陆进入联合国，在台引发争议，牵连了与费正清接近的"中研院"、近史所，及胡适、王世杰、郭廷以等人。

1967 年，第 27 届国际东方学人大会在美国密西根大学召开，费正清被推为"近代中国会议组"负责人，他力邀郭廷以与会。台湾地区派了 22 人的代表团，由郭廷以任团长，会后郭氏留在美国，赴哥伦比亚大学、哈佛大学做学术交流。不料此时台北报纸一连刊出多篇"出卖国家档案"的报道，指控郭廷以将《外交档案》以每年 5 万美元代价抄印送给费正清，并指控其接受福特基金会补助。台湾地区立法机构、行政管理机构内也有人呼应附和，费正清虽做强力反击，郭廷以则处境维艰。

1969 年郭廷以应夏威夷大学东西中心之邀，请假赴美讲学，原定次年 8 月返台，不料因身体状况不佳，研究计划进行不顺，提前离开檀香山赴纽约哥伦比亚大学暂住 8 个月。正欲返台时，夫妻两人健康情况均恶化，不宜长途飞行，遂留在美国。其后，郭廷以又因担心政治问题等种种原因，滞留美国，在费正清、韦慕庭等支持下，致力于与蒋廷黻、罗家伦约定的近代史的撰写，最终完成一部南港学派引以为傲的皇皇巨著——《近代中国史纲》。[①] 1975

---

① 以上四段参见杨金华：《郭廷以晚年缘何赴美未归》，第 43—54 页。

年郭氏在美国过世，1979 年《近代中国史纲》由香港中文大学出版社出版。

三、 近史所"十年动荡"与摸索新方向

1969 年郭廷以赴美之后，近史所内斗激烈。1971 年福特基金不再支持，补助断绝，而美国政府开始与中国大陆接触，台湾地区作为中国研究基地的地位下降，近史所内外交迫。从王树槐、梁敬錞到王聿均几位所长任内，纠葛不断，直到新生代全面崛起，1979 年吕实强接任所长为止，近代史所历经了十年的动荡。[①]

此时，近史所的研究方向发生转变，于外交史之外，另外摸索新的道路。1973 年李国祁主持之"区域近代化研究，1860—1916"获通过，近史所有 10 位研究人员参加。1976 年"中国近代化区域研究，1860—1916"计划完成，次年 1 月结案。近史所再提 1916—1937 年的研究计划，由张玉法主持，次年改为"中国现代化专题研究"，分为 10 个主题，至 1980 年 1 月结束。此计划受现代化理论与量化分析研究方法影响很深，近史所当时参与这一计划的同仁，都认为中国近代的变迁，"乃因西力东渐而起"，是"对西

---

① 杨金华：《近代中国"南港学派"的兴起与传衍（1955—1985）》，第138—153 页。

力入侵的一种反应"。① 李国祁认为，这个集体研究计划一炮打响，让近史所重回国际学术主流圈，挽救学术声誉。但也有人认为这个路子迷信套用社会科学理论。② 戴海斌评论云，中国区域现代化研究，实际上正是郭廷以"近代化"研究思路的延伸，这一项规模庞大的集体研究，并未以理论作为标榜，但却是当时风靡中外的所谓"现代化研究"中少数以实证方法取得扎实成果的代表。③

社会科学理论与中国近代史研究的关系，是个值得思考的大问题。西方的中国近代史、外交史研究，无疑以费正清为领军人物，他继承马士的海关学派及蒋廷黻的《筹办夷务始末》史料功夫，在二战后的美国单枪匹马地创造了现代中国研究的领域，1955 年在哈佛成立"东亚问题研究中心"，治学取向逐渐由实证研究转向引进理论做宏观的诠释。

费正清雄才大略，把握二战后如日中天的美国国势与雄厚资金，"认为发展区域研究，以历史学和社会科学的方法取代传统汉学，才是研究中国真正有效的方法"。他拓宽

---

① 王晴佳：《台湾史学 50 年》，第 73—74 页。事实上现代化理论早已受到批判，有学者认为它根本是 1960 年代美国政、学界合作之下，提出与苏联马克思主义抗争的"意识形态"。参见 Michael E. Latham, *Modernization as Ideology: American Social Science and "Nation Building" in the Kennedy Era*, Chapel Hill, Univ. of N. C. Press, 2000. 中译本见雷迅马著，牛可译：《作为意识形态的现代化：社会科学与美国对第三世界政策》，北京：中央编译出版社，2003。
② 杨金华：《近代中国"南港学派"的兴起与传衍（1955—1985）》，第 154—157 页。
③ 戴海斌：《郭廷以与罗家伦、蒋廷黻的早期学术交往》，第 21 页。

东亚研究的视角，提出东亚系和历史系的合作议题，致使"1960 年代中期以降，美国新兴的中国学，取代了欧洲传统的汉学"。①

费正清以其指导的博士生论文为蓝本，成立哈佛东亚专著系列丛书（Harvard East Asian Monographs），扶植学生到各名校任教。在美国的官方支持、哈佛大学的学术环境和费正清研究中心的研究团队之天时、地利、人和的三重优势下，美国的近现代中国史研究牢牢掌握国际话语权，在西方世界独领风骚数十年。费正清 1968 年主编《传统中国的世界秩序》（*The Chinese World Order: Traditional China's Foreign Relations*）②，建构传统中国的"朝贡体系"（Tributary System），又与他的其他著作，诠释了中国由"朝贡体系"到近代"条约体系"（Treaty System）的演变历程，发扬"冲击-回应"说，提出"华洋共治"（Synarchy）等理论，俨然中国近代史、外交史的标准诠释体系。③

郭廷以对于美国趋新时髦的学术理论，一直怀有深深的戒惧。张灏负笈哈佛大学之后，于 1961 年致函郭廷以，慨言此间的东亚研究中心，在费正清主持之下，在方法方

---

① 葛兆光：《在哈佛回望学术史》，《读书》2024 年 4 期。
② J. K. Fairbank ed., *The Chinese World Order: Traditional China's Foreign Relations*, Cambridge Mass.: Harvard University Press, 1968. 中译本见杜继东译：《传统中国的世界秩序》，北京：中国社会科学出版社，2010。
③ 何伟亚（James L. Hevia）1995 年指出，费正清的"朝贡体系"集"功能派人类学、韦伯—帕森斯社会学、英国帝国主义式史学研究的碎片，和中国知识分子想把中国置于全球文明之中的努力"于一炉，展现了自然化的西方文化霸权，主导了近代中外关系的诠释。见何伟亚：《怀柔远人》，第 251—252 页。

面用近代科学知识，从各种角度去探讨近代中国问题。虽在某些问题上不无偏见，文字的训练、史料的掌握方面缺陷亦复不少，但经费充足，工作认真，长此发展下去，前途未可限量。张灏指出，国史欲在世界史学中争一席之地，势必在史料搜集与考订之外，虚心学习西方社会科学知识，去人之短，取人之长，以期对近代错综复杂之史象作更深入、更坚实之解释。他希望郭廷以可以提倡此风气。1966年11月，留学美国两载的张朋园，向郭廷以报告美国与台湾地区的学术分歧，总结为："哈佛学派有解释无史料，台北学派有史料无解释，而西雅图学派两者皆无。"郭廷以闻后不以为然，在日记中写道："中国学者久已论及史学、史德、史才、史识，所谓史识亦即解释。历史研究首求其真，史料第一、史识次之，不必哗众取宠，标新立异，方不致误人。"①

　　杨金华认为，郭廷以之所以如此主张，自有其坚持与自信，设若没有经过严格的史料学训练，势必无法领悟史学奥妙，解释史学很可能沦为无源之水、无根之木，走过了史料整理阶段，注重历史解释亦未尝不可。在史料海洋浸淫四十多年之后，郭廷以晚年也开始尝试运用西方社会科学理论研治中国史，《近代中国史纲》即其治史的浓缩精华。与那些喜欢创造学术理论不同的是，郭廷以主张从史

---

① 张灏：《致郭廷以》，1961年8月17日，"中研院"近史所档案馆藏《郭廷以档案》，馆藏号：069/01/02/108。张朋园函见陆宝千：《郭量宇先生日记残稿》，1966年11月19日，第689—690页。皆引自杨金华：《近代中国"南港学派"的兴起与传衍（1955—1985）》，第167—168页。

料中提取理论，而不是借用西洋理论生搬硬套。①

郭廷以个人学术理想之实现，一方面推动了中国近代史学科的生成，在主持近史所期间，虽然不断遭受来自各方的压力与挑战，然而其个人的学术信念，最终内化成"南港学派"的灵魂，影响所及，既深且巨！一方面打下了坚实的史料学基础，同时汲取西方治学精髓，不仅在各个领域里开疆拓土，还培养了一大批近代史研究人才。

然而1969年郭廷以赴美滞留后，近史所历经十年忧患岁月。《外交档案》的整理、出版虽仍持续推动，但是研究学风则受美国社会科学理论影响越来越深，"中国现代化的区域研究"受"现代化理论"引导，但仍注意与档案功夫结合。唯斯时正值社会科学理论当道，欧美学者多好强调问题意识、诠释架构，近史所研究员们每以自身欠缺理论训练为憾，故于引进新人时，主要以获有美国名校博士头衔有理论训练者为优先，传统的档案功夫逐渐被遗忘，中国近代史研究越来越像是美国学界的伙伴。自蒋廷黻、郭廷以到近史所"南港学派"第一代弟子，在重视中国档案功夫的基础上吸收西学精髓的学术取向，逐代递减，新生代的研究者注重与美国学界研究潮流保持联系，但在理论与档案之间，多少有舍本逐末的隐忧；加以受到美国学界社会科学批判外交史之影响，中国外交史常被讥为没有理

---

① 杨金华：《近代中国"南港学派"的兴起与传衍（1955—1985）》，第168—169页。

论的个案研究，价值不高，南港学风颇有失传的可能。

　　川岛真认为，中国外交史实证研究的系谱，即使在蒋廷黻离开学界、投身政界后，仍被台北"中研院"近代史研究所继承，虽然坂野正高批评"台北学派"称"史实的翔实记述十分出色，但理论性分析不够彻底"，但这正可反证其为蒋廷黻的"实证"系谱。郭廷以利用移交给该所档案馆的总理衙门档案、外务部档案、外交部档案等进行研究，并以自身的业绩等接续蒋廷黻成为领军人物，领导该所展开研究，"台北学派"踏实的实证系统尽管时遭诟病，但对中国外交史研究做出的贡献仍值得称道。但十分遗憾的是，台北学派自 1980 年代以后，在外交史领域转为沉寂，这与美国的中国史学界研究重心逐渐从政治史转向社会史有关。① 川岛真还指出台湾地区的中国外交史研究的问题在于：一、问题意识常在于如何对抗国民党的"国民革命史观"，对台湾的历史脉络来说是需要的，但对日本（及国际）学界不一定必要；二、近年注重台湾史研究，对其历史脉络来说可能不需要中国外交史。② 笔者认为此可谓"旁观者清"之论。

① 川岛真：《20 世纪以来中国外交史研究：以日本为中心》，《社会科学研究》2011 年第 1 期，第 137—139 页。
② 戴海斌：《我是如何进入中国近代外交史研究的——川岛真教授访谈录》，张剑、江文君主编：《现代中国与世界》（第一辑），上海：上海书店出版社，2018 年，第 275 页。

四、 近年台湾地区的中国外交史研究

台湾历史学界自 1960 年代引进西方社会科学理论，再到 1980 年代受年鉴学派的冲击，研究重心转向由下而上的历史。加以国际局势变化冲击国民党地位，再到 1987 年解严前后台湾史研究兴起，历史学主流进一步走出国族史学的藩篱，转向社会、经济、生活、文化史，不断开拓新的领域，属于上层国族史的政治、军事、外交史地位不断衰坠。[①] 引领史学潮流的《新史学》期刊，大力提倡新社会史、文化史研究，军事史、外交史的论文几乎不存在。[②]

1990 年代，后现代主义对台湾史学界影响甚大，三本近代中外关系史的名作，杜赞奇《从民族国家拯救历史：民族主义话语与中国现代史研究》、何伟亚《怀柔远人：马嘎尔尼使华的中英礼仪冲突》、柯文《历史三调：作为事件、经历和神话的义和团》，[③] 都指出中国外交史与近代中国民族国家建构密切相关，以民族为历史叙述之主体，民族主义色彩浓烈。此外，柯文还强烈批判中国外交史研究问题意识受西方汉学界影响很深，有强烈的西方中心观点，

---

① 王晴佳：《台湾史学 50 年》，第 254 页。
② 杜正胜：《新史学之路——兼论台湾五十年来的史学发展》，《新史学》第 13 卷第 3 期，2002 年 3 月。罗志田：《评〈新史学〉》，香港《二十一世纪》双月刊，1999 年 10 月号，总第 55 期，第 57—58 页。
③ Paul A. Cohen, *History in Three Keys: The Boxer as Event, Experience, and Myth*, New York: Columbia University Press, 1997。中译本见柯文著，杜继东译：《历史三调：作为事件、经历和神话的义和团》，南京：江苏人民出版社，2000。

主张回归到中国中心研究取向。① 自柯文此论之后，学界注意到近代中国主要沿着自己的内在逻辑而发展，外来因素与中国的内在发展关系没有那么大，于是中国有了一部富于生机的内在历史。然而对中国外部关系的研究遭到忽略，仍然受到西方学界强烈影响，费正清的"朝贡体系"及"西方冲击、中国反应"的说法，展现了自然化的西方文化霸权，主导了近代中外关系的诠释。②

　　基本上，1980—1990 年代台湾地区的中国外交史研究相当沉寂。比较令人欣慰的是，1988 年"中研院"近史所档案馆落成，将编目完成的外交档、经济档等陆续开放供读者使用，1991 年出版《外交档案目录汇编》两册后，使用更加方便。随着《外交档案》逐步公开，台湾的中国外交史研究渐有起色，日本学界也开始大量使用，如川岛真云："在 1990 年代以后，中国外交史研究几乎有一个很大的革命，之前只有'中研院'可以看那些档案，但是在 90年代后，我们外面的人也可以看那些档案了。"③ 其后，《外交档案》又数字化扫描建立资料库，提供线上阅读，使用更加方便。笔者当时正在英国攻读博士学位，受益于《外交档案》公开，得以对照中英外交文书，完成博士论

① Paul A. Cohen, *Discovering History in China: American Historical Writing on the Recent Chinese Past*, New York, Columbia Univ. Press, 1984. 中译本见柯文著，林同奇译：《在中国发现历史——中国中心观在美国的兴起》，台北：稻乡出版社，1991。
② 何伟亚：《怀柔远人》，第 9 页。
③ 川岛真：《清末外务部的设立与日本》，东北师范大学亚洲文明研究院，"日知论坛"第 39 讲，2010 年 9 月。

文。1991 年回台任教后，迄今 30 多年一直阅看《外交档案》作为研究的基石。

台湾外交史学界于 1995 年组成"近代中外关系研讨会"，每年开会八次，持续五年，聚集外交史研究老中青三代学者，形成研究社群，外交史研究稍稍有回春迹象。2010 年"外交史青年学者研究群"成立，在台湾政治大学人文中心"中外关系与近现代中国的形塑"顶大计划支持下，每年召开学术会议并出版论文集，培养出一批年轻学者，维持一定的研究能量，活力逐渐增加。[1] 2024 年初，该研究群年会议决：创办《中外关系史》（*History of Sino-Global Affairs*）期刊，首期预定于次年春出刊，[2] 颇值得学界期待。

总而言之，中国外交史研究在台湾地区一度兴盛，随即遭到"新史学"及本土化冲击，渐趋边缘化。1990 年代政治环境宽松，学术研究自由，加上档案开放，年轻一代的外交史研究者运用史料优势及开放的观点，与大陆、日本、西方学界交流畅通，维持了一个研究社群，持续有新的研究成果出现。

---

[1] 廖敏淑、陈昱伶：《"近代中外关系研讨会"介绍》，《近代中国史研究通讯》第 23 期，1997 年 3 月。廖敏淑：《导论》，廖敏淑主编：《近代中国外交的新世代观点》，台北：政大出版社，2018。
[2] 该刊稿约参见台湾政治大学人文中心网页。

第六章

改革开放以来的中国外交史研究

改革开放以来，中国大陆史学界摸索方向，一方面寻找内地历史学的根源，接上民国史学及"十七年史学"的传承、反省革命史观；另一方面也吸收西方潮流与世界接轨，受"现代化范式"、社会科学理论的影响。

1979 年以来，中国又一次向"现代化"重新定向，整个社会进入了一个自我反省阶段。"教条主义的马克思主义"受到深入清算，反省"文革"、反省在"现代化"建设上的失误、反省我们所走过的革命道路，在这一背景下，史观派深入自我反省此前强调的"阶级斗争是历史发展的动力"这一观念预设，由此展开了一场牵动整个学术界的"历史动力问题论战"。挑战的一方由对"阶级斗争动力"的质疑发展到对"暴力革命"的反思，再发展到对历史发展非正常道路的检讨，导致了对"改良主义""保守主义"在历史上地位的重新估计。基本上，史观派史家在抛弃空疏的学风后，又向史料进军。

史料派则在三十年间受到熏陶，完成了理论思维的初步训练，改革开放之后，卷土重来。有人认为到了 1990 年代，中国史学已经开始向中国现代史学的起步阶段回归，其主要特征就是"回到傅斯年""回到乾嘉去"思潮的泛起。把目光集中在史料的搜集和整理上，当时史学界的基本特点是，回避对重大历史现象和大规模社会变动的研究与讨论，"陈寅恪热"折射出当时学术气候的巨大变化。

同时，"文革"结束后西方史学观念开始影响中国史学的走向，特别是西方的社会史、经济史作品，更在强力诱导着中国史家效法。历史研究不能没有理论和范式的导引，尤不能缺乏材料考证的基础，已成这时学界的共识。此时出现一种会通各派所长、舍弃各派所短，平视理论、方法与材料地位的"会通派"史学取向。此派原来在1930年代中期即已出现，1949年以后三十年间处于一种不绝如缕的状态，改革开放后异军突起。到了世纪之交，融合史观与史料并超越史观与史料之上的社会经济史学派快速崛起，让史料派黯然失色。王学典认为，中国史坛正进入一个史观派史学、史料派史学、会通派史学三足鼎立的多元格局。①

外交史学界则与西方、日本以及我国台湾学界交流接轨，注意到外交史的学术本色，重视中外档案功夫，参考他国的诠释观点，平衡淡化狭隘民族主义及革命史观的色彩，逐渐做出了比较客观平衡的研究成果。

---

① 以上三段参见王学典：《近五十年的中国历史学》，《历史研究》2004年第1期，第169—190页。

一、 近代史研究热下的外交史研究

改革开放以来，近代史不再获得如"十七年"间那般强有力的政治支持，但是中国近代史学科反而发展得异常迅猛，有凌驾于古史之上的趋势。赵庆云认为，与其将此视为 1950 年代提倡"厚今薄古"所见成效，不如说是在学术环境较为宽松、去除重重束缚之后学术发展的自然趋势与内在要求。①

王学典指出，如果说 1949 年后的三十年是"古史"研究为主导的话，那么，1979 年后则是近代史研究为主导，如近代史发展线索讨论、洋务运动的评价问题、戊戌变法的评价问题、太平天国与义和团运动的再认识问题、清末新政的意义估量问题、革命与改良的关系问题、1980 年代晚期对"革命"本身的反思和对"激进与保守"的重新衡量，都吸引了整个历史学界甚至整个学术界的目光。对整个 20 世纪中国历史的反省是 1980 年代通向 1990 年代的枢纽。②

张海鹏也指出，从 1980 年起，近代史学界再次掀起中国近代史基本线索问题的讨论。经过"十年动乱"，一些学者从拨乱反正、解放思想出发，要求抛弃极左的政治枷锁和教条主义的绳索，要求纠正由于党的指导方针上的失误

① 赵庆云：《创榛辟莽》，第 207 页。
② 王学典：《近五十年的中国历史学》，第 169—170 页。

在史学研究中出现的片面化、简单化的倾向，反思近代史研究的基本状况，对早先胡绳提出的用阶级斗争的表现作划分时期的标志以及三个革命高潮的概念，提出了怀疑和驳难。中国近代史基本线索的讨论，有了新的进展，学者们不满足于以往的讨论局限于 1840—1919 年的近代史分期，主张中国近代史下限应当延至 1949 年的呼声高涨了。[①]

近代史学界的学术讨论中，有关"革命史范式"和"现代化范式"的论争颇具典型意义。当"现代化范式"提出之后，与"革命化范式"不可避免地出现了交锋，主要围绕着中国近代史是"一场革命史"还是"一场现代化史"、应当以"革命包容现代化"还是以"现代化包括革命"而展开，双方都曾主张以自己的范式来包括对方。随着讨论的展开，在不同范式下进行研究的学者都进行了自我反省，并对原有解释进行了调整和完善。双方均放弃了"唯一"以及"以己容彼"的主张，越来越多的学者认为，历史是丰富多彩的，对于历史的观察也应该是多视角多方位的，不必以一个范式否定另一个范式，不同范式的相互补充与共存，则更能展现历史的多重面相。"革命史范式"与"现代化范式"的讨论，对建构更为兼容并包的近代史学科体系做出了贡献。这一讨论对近代史研究的多个领域产生了广泛的影响。它开阔了人们的视野，突破了政治史、革命史的单线叙述，丰富了人们对历史进程的认识，对近

[①] 张海鹏：《50 年来中国近代史研究的理论和方法评析》，第 9、16—17 页。

代史研究的推动作用是显而易见的。[1]

王建朗在总结"改革开放 40 年的中国近代史研究"时称,"文革"结束后,1978 年真理标准问题讨论的进行,引发了全面而深刻的思想解放运动,中国社会开始发生巨大变化。历史学不再是阐释流行的政治话语的工具,其科学性得到了确认。同时,人们摆脱了非此即彼的单线思维模式,历史不再是简单的两极对立,历史人物也不再是神魔对立。改革开放后出现的这一变化,为人们认识丰富多彩的中国近代史提供了可能。整体趋势是:拨乱反正书写信史、开阔视野完善近代史学科体系、精耕细作专题研究更加深入。[2]

王建朗回顾七十年来中国近代史研究的发展历程,体会到:1. 近代史研究获益于社会的进步,又推动着社会的发展;2. 近代史研究获益于平等的学术对话;3. 近代史研究获益于社会的开放与对外学术交流的拓展。展望未来,他预期近代史研究在以下三个方面的进展将会进一步推动近代史研究的深化与繁荣:1. 既注重实证研究,又注重理论探讨;2. 既注重中国特色,又注重与世界的对话;3. 注重不同学科的融合发展。[3]

对于外交史研究,王建朗认为改革开放以来展现出蓬勃发展的趋势,主要在以下三个方面:

1. 史料的整理与出版:外交史研究对档案史料的依赖

---

① 王建朗:《中国近代史研究 70 年(1949—2019)》,第 18 页。
② 同上书,第 7—17 页。
③ 同上书,第 17—19 页。

程度相对较高，因而对史料的整理出版更为关注。在"十七年"间中国史学会整理出版的"中国近代史资料丛刊"的基础上，改革开放以来研究者们继续在史料整理上下大功夫。郭卫东《中外旧约章补编》对于王铁崖的《中外旧约章汇编》进行了富有价值的增补，李育民团队对外交史必读史料《清季外交史料》进行了整理标点。总字数达1000万字的《中华民国时期外交文献汇编》（10卷24册），努力发掘整理民国外交史上的中外文档案文献，以方便读者使用的专题方式编辑出版。

2. 民国时期的外交史研究出现了较大突破：学者们对北京政府和南京政府维护国家主权的努力，给予了适当的评价，北京政府参与一战和南京政府在二战中的外交，是外交史研究中的两个热点。对于过去一直给予负面评价的参与一战举动，研究者认为这是有利于中国国家利益的决策，是中国主动参与国际事务的一个重要起点。对于全面抗战时期的中国外交，从前期的苦撑待变到后期的争取大国地位，研究者也给予了较多的肯定。有关抗战时期中国争取大国地位的研究，经历了一个被学界、被社会逐步认可的过程，在2015年纪念抗战胜利70周年之际，中国国家领导人在正式讲话中确认了抗战时期中国获得大国地位的论断。[①]

① 王建朗：《中国近代史研究70年（1949—2019）》，第14—15页。参见王建朗：《北京政府参战问题再考察》，《近代史研究》2005年第4期；徐国琦著，马建标译：《中国与大战：寻求新的国家认同和国际化》，上海：上海三联书店，2008；侯中军：《中国外交与第一次世界大战》，北京：社会科学文献出版社，2017。

3. 不平等条约研究有新的进展：近代中国究竟签订了多少不平等条约，以往流行总计 1182 个的说法，有学者对不平等条约的标准进行了认真讨论，并逐个审视近代约章，得出近代中国总计签署 343 个不平等条约的结论，这一数字虽难称精确，但应是离准确最近的研究。[①]

李育民主编的《中外条约与近代中国研究丛书》对近代中外条约进行了全面系统的研究。有学者跳出现有的废约史框架，对近代中外条约关系进行了重新审视，有学者对租借地特权和领水主权进行了专门探讨，有学者专门研究了中国参与国际化的努力，还有研究者跳出了平等与否的范围，探讨不平等条约与近代中国社会的发展这一更为宏大的问题。[②]

在对不平等条约的研究继续深化的同时，学界开始关注到中国废除不平等条约的努力。王建朗《中国废除不平等条约的历程》系统探讨了这一历史进程，首次为中国的废约历程搭建起了一个具体而严密的框架。李育民《中国废约史》将废约的起点追溯到晚清时期，并将中国共产党对废约的贡献纳入研究视野。唐启华《被"废除不平等条

---

① 参见侯中军：《近代中国的不平等条约——关于评判标准的讨论》，上海：上海书店出版社，2012。
② 该系列丛书计有：李育民：《近代中外条约关系刍论》，长沙：湖南人民出版社，2011；刘利民：《不平等条约与中国近代领水主权问题研究》，长沙：湖南人民出版社，2010；刘利民：《列强在华租借地特权制度研究》，长沙：湖南人民出版社，2011；尹新华：《晚清中国与国际公约》，长沙：湖南人民出版社，2011；李传斌：《条约特权制度下的医疗事业：基督教在华医疗事业研究（1835—1937）》，长沙：湖南人民出版社，2010；李斌：《废约运动与民国政治（1919—1931）》，长沙：湖南人民出版社，2011。

约"遮蔽的北洋修约史》则集中探讨了北洋时期的修约外交，并指出其对此后修约或废约外交的重要影响。新近的研究注意将废约与当时的政治发展结合起来进行考察。①

二、 近代史研究所"中外关系史研究室"②

若就中国外交史主要研究单位而言，中国社会科学院近代史所"中外关系史研究室"无疑是最为重要的领头羊。

"中外关系史研究室"是在原中国科学院近代史研究所"帝国主义侵华史"课题组的基础上组建而成。1958 年《帝国主义侵华史》第一卷出版，次年课题组解散，成员根据工作需要分别参加了《中国近代史》和《沙俄侵华史》等课题的研究工作。1977 年 5 月 7 日，中共中央批准"中国科学院哲学社会科学学部"改名为"中国社会科学院"，近代史所整建制改隶新成立的中国社会科学院。1978 年中国社会科学院成立，近代史研究所分别组建了"中外关系史第一研究室"和"第二研究室"，第一研究室侧重于中美、中日、中法及综合关系的研究，首任主任为丁名楠，随即重启《帝国主义侵华史》的写作；第二研究室侧重于

---

① 王建朗：《中国废除不平等条约的历程》，南昌：江西人民出版社，2000；李育民：《中国废约史》，北京：中华书局，2005；唐启华：《被"废除不平等条约"遮蔽的北洋修约史》，北京：社会科学文献出版社，2010。李斌：《废约运动与民国政治（1919—1931）》，长沙：湖南人民出版社，2011。
② 参见该研究室网页。

中俄中苏关系和香港史的研究，首任主任为余绳武。1999年初，根据近代史研究所学科调整的需要，两个研究室合并组建"中外关系史研究室"，首任主任为王建朗。

长期以来，在丁名楠、余绳武、张振鹍、刘存宽、陶文钊、薛衔天、杨奎松、章百家、王建朗等学者主持下，历经几代人的共同努力，研究室在近代中外关系综合研究、民国外交史综合研究，中俄中苏关系史，香港史，中葡、中法关系史等研究领域处于国内领先地位，并在国际上有相当影响力。

主要的著作有：丁名楠等著《帝国主义侵华史》（两卷），曾在全国产生重大影响，并在某种程度上构建了国内近代中外关系研究的框架。余绳武等著《沙俄侵华史》（四卷5册）是研究早期中俄关系史的最权威著作。1992年出版的张振鹍等著《日本侵华七十年史》，是近代中日关系史研究的力作。陶文钊著《中美关系史（1911—1950）》是中美关系史领域填补空白之作，产生过重要影响。刘存宽、薛衔天主编《中苏国家关系史资料汇编》（三卷）、薛衔天著《中东铁路护路军与东北边疆政局》、李嘉谷著《中苏关系，1917—1926》、李嘉谷著《合作与冲突：1931—1945年的中苏关系》等著作，极大丰富了国内中苏关系史研究的内容。余绳武、刘存宽、徐曰彪、刘蜀永、张俊义、张丽等著《十九世纪的香港》《二十世纪的香港》《简明香港史》《香港历史问题资料选评——割占香港岛》《香港历史问题资料选评——割占九龙》《香港历史问题资料选评——

租借新界》《香港的历史》《香港史话》和英文书籍 *An Outline History of Hong Kong*（《香港历史纲要》）等香港史研究成果为海内外瞩目，为香港回归祖国，在理论和学术做出了贡献。

21世纪以来研究室又出版了一批学术著作，主要有：王建朗著《中国废除不平等条约的历程》，张丽著《20世纪香港社会与文化》，刘蜀永、张俊义等著《二十世纪的香港经济》，黄庆华著《中葡关系史（1513—1999）》《中法建交始末》，栾景河等著《中苏关系史纲1917—1991》，陈开科著《巴拉第与晚清中俄关系》《嘉庆十年：失败的俄国使团与失败的中国外交》，薛衔天等著《中苏国家关系史1917—1949》，王建朗著《反法西斯战争时期的中国与世界研究·第五卷》，张俊义著《香港与内地关系研究》，侯中军著《近代中国的不平等条约》《企业、外交与近代化：近代中国的准条约》，戴东阳著《晚清驻日使团与甲午战前的中日关系1876—1894》，张志勇著《赫德与晚清中英外交》等。这些著述反映了近代中外关系史综合研究及双边关系研究的最新成果，在学术界产生了较好的反响。

近代史研究所除了编辑中国史料外，近年也大量向各国搜集、购买图书、档案，为外交史研究奠定了坚实的基础。该研究室主要研究方向如下：

不平等条约研究：这个课题一直是该研究室重点研究方向之一，成果丰硕。未来关注的重点为：一、进一步论证不平等条约的评判标准，在海内外广泛收集近代所有约章的基础上精确近代中国不平等条约的数量；二、开展不平等条约对近代中国社会影响的个案研究，为深入研究不平等条约的整体影响奠定基础。

民国外交史综合研究：此课题缘起于1990年代，陶文钊、杨奎松、王建朗著《抗日战争时期中国对外关系》、王建朗著《抗战初期的远东国际关系》和李嘉谷著《合作与冲突：1931—1945年的中苏关系》，构建了民国外交史综合研究的体系，深化了对其中若干问题的具体研究。自2004年起，在王建朗主持下，集中开展了中华民国外交史项目的研究，目前项目组已完成编辑并出版《中华民国时期外交文献汇编》24册，1000余万字（中华书局2015年出版），并已完成《中华民国外交史》专著的撰写，全书近200万字，即将出版。

中俄中苏关系史研究：也是该研究室的传统研究方向之一，老一辈历史学家对沙俄侵华史、中苏关系史素有精深研究，目前在研项目主要集中于早期中俄关系史的研究。

中英关系史研究：近代中外关系史研究领域中，中英关系史的研究一直是受到关注较多且研究成果较为丰富的题目。然而直到今天，海内外仍缺乏一部完整地反映整个近代中英关系史发展的权威性著作。因此，中英关系史依然是重点关注的研究方向之一，目前在研项目主要集中于抗战时期的中英外交。

香港史研究：是该研究室传统优势研究项目，已陆续出版十余部专著，目前前辈学者仍在港推动并参与《香港地方志》的编纂工作，研究室将香港史研究列为重点研究方向，计划在若干专题领域继续深入开展研究，以取得更大成绩。

中葡、中法关系研究：曾是该研究室重点研究方向，黄庆华著《中葡关系史（1513—1999）》《中法建交始末》，不仅是全面梳理和研究中葡、中法政治外交关系历史的著作，同时填补了中外相关研究领域的空白。

此外，近年从事的科研项目有："华工与一战研究""哥伦比亚大学藏顾维钧档案的整理与研究"等。

鉴于近代中外关系史不仅包含中国外交史及国际关系史，还广泛涉及中外各国的政治史、经济史、军事史、文化史、思想史、社会发展史等专门史内容等特点，中外关系研究室未来的重点是，在现有研究基础上更注重对多边关系的研究，力图从多个视角来研讨近代中外关系。

近代中外关系史研究室始终走在国内中国外交史研究的前沿，并与各顶尖高校合作举办各类学术研讨会，引领新的研究方向。1990、2000、2010 年先后举办三次"近代中国与世界"国际学术研讨会并出版论文集，收录不少中外关系史研究的优秀论文。

"近代中外关系史国际学术研讨会"是该研究室最具代表性，也是国内规模最大的外交史会议，自 2006 年起先后与曲阜师范大学、湖南师范大学、中山大学等合作，隔年举办，至 2022 年已举办过 8 次如下：

2006 年日照第一届会议，会议论文集由王建朗、栾景河主编，《近代中国、东亚与世界》（北京：社会科学文献出版社，2008）。

2008 年长沙第二届会议，会议论文集由王建朗、栾景河主编，《近代中国：政治与外交》（北京：社会科学文献出版社，2010）。

2010 年广州第三届会议，会议论文集由栾景河、张俊义主编，《近代中国：文化与外交》，（北京：社会科学文献出版社，2012）。

2012 年杭州第四届会议，会议论文集由栾景河、张俊义主编，《近代中国：思想与外交》，（北京：社会科学文献出版社，2013）。

2014 年北京第五届会议"近代中国：战争与外交"，部分会议论文纳入张俊义、陈红民主编，《近代中外关系史研究》第 5 辑（2015 年 11 月）。

2016 年北京第六届会议"世界历史进程中的近代中国"，部分会议论文纳入《近代中外关系史研究》第 7 辑。

2018 年武汉第七届会议"区域视野下的近代中外关系"，部分会议论文纳入《近代中外关系史研究》第 11 辑（2020 年）。

2022 年北京、杭州第八届（线上）会议"全球史视野下近代中国与国际秩序的变迁""近代国际秩序的演变与中外互动"。

2024 年第九届会议"近代中国与全球治理体系的演变

与发展"，10 月在湖州召开。

中外关系史研究室还召开了"中俄纪念抗日战争暨世界反法西斯战争七十周年国际学术研讨会"，与有各自研究特色的高校时常合办学术会议，如 2017 年与湖南师范大学合办的"中外条约与近代中国"学术研讨会等。

中外关系史研究室最具代表性的研究者是张振鹍（1926—2022）。[①] 他 1949 年毕业于中央大学政治学系，1952 年获北京大学西方政治思想史硕士，1953 年 4 月调入近代史所近代史三组（"帝国主义侵华史"课题组），及"中外关系史研究室"。1958 年《帝国主义侵华史》课题组解散后，他调到近代史组，参与刘大年主编多卷本《中国近代史》。

1978 年 8 月近代史所组建"中外关系史研究室第一室"，主要任务是恢复编写《帝国主义侵华史》第二卷。[②] 参加者主要是丁名楠、张振鹍、赵明杰、金宗英、陶文钊、夏良才 6 人。第 1 卷的参加者中，仅丁名楠、张振鹍留了下来，在近代史所科研规划中，预计 1978—1985 年完成《帝国主义侵华史》后三卷［第二卷（1895—1919）、第三卷（1919—1937）、第四卷（1937—1949）］的编写工作，

[①] 侯中军：《张振鹍先生与近代中外关系史研究——兼论近代史研究所近代中外关系史学科的发展》，第 19—27 页。
[②] 张振鹍：《毕生的幸运——近代史所一甲子简记》，中国社会科学院近代史研究所编：《回望一甲子：近代史研究所老专家访谈及回忆》，第 677—678 页。

每卷 30 万字上下。

《帝国主义侵华史》第二卷于 1980 年完成初稿，几经增补修订，1986 年由人民出版社出版，"前记"中写道："我们仍然坚信，帮助我国人民了解过去帝国主义奴役和压迫中国的历史，对于提高认识，增强信心，懂得今天来之不易，使已往的历史不再重演，从而激发中国人民的爱国主义热情，投身到实现四化的洪流中去，把我们的伟大祖国建设成为现代化的、高度文明的、高度民主的社会主义强国，是能够起到一定的积极作用的。"对研究帝国主义侵华史积极作用的强调，反映了张振鹍等前辈学人对近代中外关系史学科未来发展的期待，"叙述几十年、百余年前真实的历史情况，只会加深外国人民对中国的理解"。

《帝国主义侵华史》第二卷由三编六章组成，章节安排跨越辛亥革命，将旧民主主义革命作为一个完整的历史时期，直接写入新民主主义革命史，作为其开端。第二卷的创新之处，在于揭示了帝国主义经济侵华的一面，用四分之一左右的篇幅对列强在华掀起的瓜分狂潮、抢占路矿投资权、争夺对华贷款权进行详细论述，深化了第一卷的研究成果。主要观点是强调帝国主义侵华的一个特殊手段——"资本输出"。甲午战争失败后，清政府为了偿付赔款，大举借债，帝国主义通过借款对中国的控制大大地加强了。其中，铁路借款和铁路修造是帝国主义对华资本输出的一个重要内容。重要结论之一是，经过甲午战争，中国社会进一步陷入半殖民地半封建社会的泥坑，主要表现为帝国主义对华的政治、经济控制进一步加强。"垄断代替了自由竞争，金融资本成了决定各大国内外政策的支配势力，从而列强争夺世界霸权、分割和重新分割殖民地的斗争空前高涨起来。"

《帝国主义侵华史》第一、二卷的出版，为近代中外关系史学科的发展奠定了坚实基础，这两卷表明："著者的态度是实事求是的，是坚持摆事实、讲道理的，是符合历史唯物主义的基本精神的。""许多风行一时的作品，现在是很难立足了，它却经受了时间的考验。"

张振鹍回忆道：第二卷完成后，由于研究室里的青年同志坚决不参加集体工作等多种原因，第三、四卷未能继续做下去。范文澜当年交卜的一项任务最终没有全部完成，实属遗憾。那时所里许多人总结多年集体工作的经验，认识到单纯强调集体性有种种问题，提出应加强个人专题研究，遂有1979年《近代史研究》的创刊。①

此后，张振鹍与研究室同仁投入更为紧迫的双边关系史的研究中，相继推出日本侵华史、沙俄侵华史、中美关系史等方面的经典著作。1982年日本右翼在其国内挑起第一次教科书事件，日本文部省要求当年出版的一本教科书删除"侵略华北"之类的表述，用"进出"代替"侵略"。中国政府向日本政府提出强烈抗议。近代史所"考虑到这类事恐怕以后还会发生，与其零星地写文章揭露日本侵略，

---

① 张振鹍：《毕生的幸运——近代史所一甲子简记》，《回望一甲子：近代史研究所老专家访谈及回忆》，第678—679页。

不如写一部完整的专著，全面系统地阐明日本的侵华历史"。同年，余绳武、郭冲布置了写作日本侵华史的任务，由中外关系史研究一室负责。1992年，由张振鹍、沈予主持编著的《日本侵华七十年史》出版，全书共三编十七章，59.7万字，该书是新中国成立以来出版的第一部研究日本侵华史的学术专著。

1997年，刘大年、白介夫主编的《中国复兴枢纽——抗日战争的八年》出版，张振鹍位列三位副主编之一，刘大年在该书成稿后，请张振鹍先生仔细推敲，修改定稿。

张振鹍对"不平等条约"问题研究做出了重要贡献。他自1960年代开始关注该问题，在参与写作《帝国主义侵华史》及《日本侵华七十年史》的过程中，逐步形成一些基本的想法，认为"不平等条约与资本主义、帝国主义的侵略紧紧地联系在一起，要暴露帝国主义的侵略，就必须充分地暴露不平等条约"。1993年他发表《论不平等条约》（为庆祝王铁崖先生80大寿所作），此文不仅从理论上阐明了研究不平等条约必须涉及的"条约"与"不平等"两个概念，而且从近代中国的历史发展线索出发，分析了不平等条约体系的形成及发展。在此基础上，张振鹍还提出废约史研究，这一建议大大拓宽了不平等条约研究的界限，开启一个融合国际法和近代史的跨学科研究的时代。

张振鹍从1999年至2006年，主编了《中国近代史料丛刊续编·中法战争》前5册，计8本、500万字，又于2017年出版了第6册（上、下）。该丛刊续编系中法战争史料的最新集成，坚持不重复收录已经编辑出版的史料，重点在于翻译了法国方面的档案史料，绝大部分为法国外交部、海军部藏中法战争原始档案，这是他退休后为中外关系史研究做出的又一重大贡献。

张振鹍也注意辛亥革命史研究，运用外文档案和基础性资料，详细探讨了辛亥革命时期孙中山与法国之间的关系，以及中国海关外籍总税务司乘革命之机夺取海关税款保管权的过程。研究成果是《辛亥革命期间的孙中山与法国》与《辛亥革命与中国海关——海关税款保管权的转移及其意义》，为后学树立了榜样，也预示着中外关系史学科存在的巨大潜力。

张振鹍强烈建议除英、美、俄、德、法、日这六强国之外，还要关注与其他国家的中外关系史，并身体力行地就中国和拉美关系史提出了他的观点。在中国与世界的关系上，他明确指出，中国进入世界与世界进入中国是同步的，自从鸦片战争外国资本主义侵入中国并凭借不平等条约压迫、剥削中国时起，中国就开始了一个"沉沦"或"滑坡"的过程：一步步沦为或滑入半殖民地，进而一步步加深半殖民地化。近代中国与古代中国相区别的一个基本特征是：中国与世界发生了广泛的联系，这种联系日益紧密，以至达到不可分离的地步：中国成为全球性国际社会的一员，成了世界中的中国。

张振鹍总结其一生从事近代中外关系史研究的经验时指出，基础资料在历史研究中具有极端重要性，基础资料

"一般就是反映史事全局或其重要环节最直接、准确而又充分的资料"，"是与研究课题关联最紧密的完整或切要的资料"，也就是通常所说的原始资料、第一手资料。张振鹍认为，基础资料是历史研究的基本立足点，但同时非基础资料对于研究工作也是需要和必要的，两种资料"有主有次，相辅相成"。

以张振鹍为代表的近代史所中外关系史学科的前辈学者，以精深的学术功底和宽广的学术视野，奠定了近代史所中外关系史学科在学界的地位，并带领出王建朗、张俊义、侯中军等新一代学者，成为引领近代中外关系史发展的中坚骨干。

三、 其他中国外交史教研基地

1. 复旦大学历史学系①

该系对中外关系史始终非常关注，1977 年该系近代史教研室就出版了《中国近代对外关系史资料选辑》。该系研究重点为中美关系史，奠基人为汪熙教授。1979 年汪熙在《世界历史》上发表《略论中美关系史的几个问题》，首次对美国侵华史的叙述方法提出挑战，引发国内学界的热烈争论。1980 年代国内中美关系史研究刚摆脱只研究美国侵

---

① 主要参考该系网页。

华史的狭隘性，汪熙即和《中美关系史论丛》编委会一起，于 1985 年 11 月 14 日在复旦大学召开了第一次"中美关系史学术研讨会"，是改革开放以来中国史学界举办的首次中美关系史学术会议，名家云集，老中青三代研究者齐聚一堂，既有中国社会科学院的李慎之、丁名楠、张振鹍，复旦大学的田汝康、汪熙，华东师范大学的陈旭麓、上海社会科学院的唐振常、汤志钧等老辈学者，也有资中筠、陶文钊、沈渭滨、姜义华等中年学者。还有许多年轻的研究生，如北京大学的牛大勇、袁明，中国社会科学院近代史研究所的章百家，南开大学的任东来、徐国琦，南京大学历史系的时殷弘，复旦大学的金光耀、王建朗、尤卫群，等等，培育了一批中国学术界的栋梁。[①]

此后"中美关系史学术研讨会"每隔一两年就召开一次，复旦历史系在汪熙的带领下接待了孔华润、柯文等美国学者，培养出金光耀、吴心伯等一批中美关系史研究的出色学者，并出版了二十余辑《中美关系研究丛书》，成为国内中美关系史研究的重镇。吴景平继承了汪熙的经济外交史研究传统，对国民政府、宋子文等有出色的论著，复旦的近代外交史研究也因此与经济史、金融史有较为密切的关联，更偏向研究借款、金融等经济外交的面相。

由于复旦大学国际关系与公共事务学院的发展，中美关系研究逐渐分化为历史系与美国研究中心（1985 年成立）

[①] 参见《复旦记忆 | 1985 年 11 月 14 日：首届"中美关系史学术讨论会"合影》，https://www.sohu.com/a/212651579_617484。

齐头并进。2000 年复旦成立国际问题研究中心，2013 年成立中国与周边国家关系研究中心，如石源华等原来历史系的中国外交史学者有些转入国关学院团队，形成了一个传统。

复旦历史系在中国外交史研究上非常活跃，2000 年 9 月与哥伦比亚大学东亚研究所合办"顾维钧与中国外交"国际学术研讨会，来自美国、日本、英国以及中国大陆与台湾地区的 40 余名学者出席。2004 年与社科院近史所合办"北洋时期的中国外交"研讨会，囊括几乎所有从事北洋外交研究的著名学者，开创国内北洋外交研究的黄金时期。2014 年与近史所中外关系史研究室召开"民族主义与近代外交"学术研讨会，讨论中国外交与民族主义思想、运动的互动关系。2021 年 11 月 6 日，由复旦大学中外现代化进程研究中心与历史学系联合举办的"钩沉与拓展：'近代中外交涉史料丛刊'工作坊"，线上、线下同步召开，会后整理出版了"近代中外交涉史料丛刊"第一辑。此外，复旦历史系于 2021—2023 年与《历史研究》《抗日战争研究》编辑部合办了三次跨国史论坛："帝国主义在东方：1920 年代的中国与世界""秩序的崩溃：1930 年代的中国与世界""秩序的重建：1940 年代的中国与世界"，邀请国内研究中国外交史、国际关系史的权威学者与会。三次会议基本覆盖了整个民国时期的中国外交，也反映出中外关系史研究的多边关系、注重国际体系国际秩序、借鉴国际关系学理论的跨学科方法。

"外交官群体"研究也是复旦历史系特色之一。石源华主编的"民国外交官传记丛书"（河北人民出版社，1999），包括《顾维钧传》（金光耀）、《伍廷芳传》（张礼恒）、《颜惠庆传》（陈雁）、《王正廷传》（完颜绍元）、《宋子文传》（杨菁）、《陈友仁传》（钱玉莉）、《陆征祥传》（石建国）等七册。2023年金光耀出版《以公理争强权——顾维钧传》，2024年唐启华出版《陆征祥评传》，继续发扬这个特色。

此外，石源华《中华民国外交史》、王立诚《中国近代外交制度史》等书，都是外交史的重要参考书。近年，马建标、戴海斌等年轻学者，在中美关系史及晚清外交文书上，都有杰出表现，延续复旦历史系外交史研究的传统。

2. 北京大学历史学系①

该系对于近代不同时段的外交均有学者致力研究，1990年代在郭卫东、茅海建等人带领下，晚清中外关系史、条约史研究兴盛，并培养出一批优秀年轻学者。

中日关系史是北大研究的传统重点，1996年召开中日关系史研讨会，主题为日本侵华战争。世纪之交"中外关系史研究所"成立，主要研究方向为中日关系史，偏重文化层面，首任所长为王晓秋，举办了一系列学术研讨会和讲座，如2000年9月"近代中外关系史国际学术讨论会"、2001年8月"黄遵宪与中日文化交流国际学术讨论会"等，并出版了《近代中日启示录》《中日文化交流史话》等

---

① 主要参考该系网页。

专书。后来在徐勇、臧运祜等人带领下，外交史研究集中于抗战时期的中日关系，每逢"九一八"、卢沟桥事变、抗战胜利等周年纪念，常举办学术研讨会，如 2017 年举办"近百年中日关系史"青年学术论坛、2021 年举办"九一八事变与东亚世界、百年变局"人文论坛等。

北大国关学院对中日关系研究也有参与。2016 年 3 月北大国际战略研究院和日本笹川和平财团共同启动"历史认识与中日关系的未来——中日有识者的战略对话"研究项目，通过中日学者共同考察中日关系的历史，在双方共识基础上梳理两国面临的现实问题，并就未来中日合作关系进行探讨。国关学院牛军等人关注冷战时期的中国外交，出版了不少重要著作。

3. 南开大学日本研究院[①]

该院是在 1964 年吴廷璆创建的历史系日本史研究室、1988 年成立的日本研究中心的基础上发展起来的，是现今全国高等院校中唯一的院级综合日本研究和高层次人才培养实体机构，由日本历史文化、日本经济、日本政治及对外关系三个研究部，及《南开日本研究》编辑部、办公室、资料室组成。其中日本历史文化、日本政治与对外关系研究部有俞辛焞、宋志勇、郭循春等研究中日关系史的优秀学者。南开历史学系也有研究近代外交史的较强实力，拥

---

① 主要参考该院网页。

有王文隆、王美平等出色学者，近年又引进了郭宁等青年学者，未来研究潜力可期。

4. 湖南师范大学"中外条约研究中心"①

该中心系该校的校级研究机构，负责人李育民教授是国内外知名的中外条约研究专家。校外专家王建朗是前中国社会科学院近代史研究所所长、著名中外关系史研究专家，杨泽伟教授是武汉大学珞珈学者特聘教授、著名国际法专家。校内青年骨干有五人为拥有博士学位的教授和副教授，各有专攻，李传斌在条约与中西文化关系、刘利民在领水主权、曹英在条约与中外经济关系、尹新华在国际公约、刘雄在条约与华人华侨等研究领域均有一定的创获。

该中心主要开展以下五个方向研究：

中外条约研究的理论与文献。研究任务有二：一是结合历史学、外交学、国际法学等学科的理论与方法，从中外条约研究的实际出发，构建中外条约研究的基本理论，夯实理论研究的基础；二是系统搜集和整理近代以来有关中外条约的各种中外文文献史料、学术史文献。

中外条约关系通史研究。围绕国家社科基金重大项目，开展对近代中外条约关系通史的系统研究，并在相关领域推出系统成果。

条约制度研究。在《近代中国的条约制度》研究的基

① 主要参考该院网页。

础上，注重整体研究，同时开展对学术界研究不够深入的外国在华驻军制度、使馆区制度等相关课题，推出系列研究成果。

中外条约与近代中国研究。从政治、经济、思想文化、社会变迁等角度出发，系统探讨中外条约在各领域所产生的影响，着重探讨中外条约与近代中国经济、中国加入国际公约、领水与领土主权、中西交往等问题，推出系列研究成果。

各国对外条约的比较研究。在全球化的背景下，将中国对外条约与其他国家的对外条约进行比较研究，重点探讨中国、日本、泰国、土耳其等国对外条约关系在发展演变过程中的共性与差异。

同时，该校历史学系于 2021 年结束"近代中外条约关系通史"的国家社科重大项目，现正进行新的国家社科基金重大项目"近代中外条约研究学术文献的搜集、整理与学术史研究"。

5. 首都师范大学国际关系史研究中心①

该中心成立于 1984 年，行政机构在历史学系世界史专业之下，创始人为齐世荣教授，现任主任为徐蓝教授，为全国较早研究国际关系史的专业机构，主要研究方向为近现代欧洲大国（英、法、德）国际关系、近现代巴尔干国

———————————
① 主要参考该系网页。

家国际关系、两次世界大战研究、20世纪美国对外宣传与文化外交研究、国际关系史史料学、中外关系史等。馆藏有美国、加拿大、英国、法国、德国、俄国、意大利、瑞士、比利时、爱尔兰、日本、澳大利亚等国档案文献，包括纸本、缩微、数据库等形式，其中不少为国内独家。中心出版《近现代国际关系史研究》《巴尔干研究》《外交与军事评论》等期刊。

6. 华东师范大学冷战史研究中心①

该中心由沈志华带头，成立于2001年，经过二十多年的发展，已经成为国内第一个也是唯一以冷战史为研究主题的学术机构。该中心汇聚了国内最有影响力的一批冷战史研究专家，建立了国内唯一的冷战史研究资料库，收藏大量解密的苏联档案文献和来自美国、东欧国家、韩国、日本等国的解密档案文献，已经具备检索和运用多国档案文献进行"国际史"研究的条件。中心编辑出版的《冷战国际史研究》半年刊，成为反映冷战研究领域中国立场、观点和研究水平的窗口，也是介绍国外最新研究成果、展开中外学术交流的媒介。该中心开设"中国冷战史研究"网站，及时发布学术信息，促进学术交流，扩大社会影响。依托该中心的师资力量，从2006年起，设置国内唯一的"冷战国际史"博士点，招收博士和硕士学位研究生，为培

① 主要参考该校网页。

养冷战史研究专门人才创造了良好条件。

近年来，该中心先后承担了多项国家社科基金、教育部和上海市的重大研究项目，研究成果在国内外产生重要影响。其中，沈志华主编《中苏关系史纲》《一个大国的崛起与崩溃——苏联历史专题研究》，及沈志华、杨奎松主编的八卷本《美国对华情报解密档案（1948—1976）》等，都引起学术界和社会各界的广泛关注，并产生重要影响力。沈志华、余伟民、崔丕、戴超武、李丹慧等在重要学术刊物发表多篇学术论文。沈志华和李丹慧先后在国外《国际历史评论》（*The International History Review*）上发表关于 1956 年十月危机和 1959—1961 年中苏关系的论文，他们的英文著作《"一边倒"之后——中国及其盟友们》于2011 年在美国出版。

该中心高度重视对外学术交流和国际学术合作，举办过多次国际学术会议，每年邀请国际著名学者来访与讲学，中心成员也多次出访研究讲学。2010 年 11 月，中心与美国威尔逊国际学者中心达成合作协议，次年起在威尔逊中心设立海外工作室，开展冷战史研究合作创新项目，把该中心的国际合作水平提升到一个新的高度。

该校历史系也有研究晚清史的传统，在茅海建入职后发展较好，其学生李文杰等专注于晚清对外关系的研究，李文杰《中国近代外交官群体的形成，1861—1911》（生活·读书·新知三联书店，2017）一书出版后广获好评。

整体而言，近二十年来中国快速和平崛起成为世界大国，中国外交史研究也有了令人瞩目的进步，学者们使用中外档案做出许多扎实的基础个案研究，并开始全面讨论重要问题。诸如早期中英交往时的跨语境互动，鸦片战争时期中国的军事外交，条约签订时翻译的角色与作用，中日甲午战争及马关条约、日俄战争的研究与国外研究成果的引介，清末外交的转型历程、国际法的引入等议题，都有相当好的成绩。

民国前期北洋外交研究是一个亮点，学者们注意到当时中国外交现代化的种种努力，一战期间中国外交的表现，如中日"二十一条"交涉、洪宪帝制外交、派遣华工、参加欧战，以及巴黎和会时期之外交、国家认同、舆论与国民外交、美日在华竞争等课题，都有突出的研究成果与新诠释。对于摆脱"不平等条约"体系历程的研究成果突出，形成"废约史"与"修约史"的对话，以及国际法上"条约神圣原则"与"情势变迁原则"的互动，俨然形成了较高水平学术讨论的雏形。在外交官群体方面，出现较全面的基础传记，既有对耀眼杰出的顾维钧的研究，也有对低调务实的陆征祥的研究，外交政策上也有"联英制日""联美制日"的讨论。对南京国民政府的"革命外交"、"九一八"事变、中国对日苏外交，及抗战外交等，都有许多优秀的研究成果。

基本上，中美关系史是近年的研究热点，中日关系史也很受瞩目，但有些领域的研究相对较弱，例如中国国际法史、国际参与及文化交流等。近年受到后现代、文化史兴盛的影响，加以官方加强"百年国耻"等宏大叙事，外交史研究的禁区较多，年轻学子对文化史趋之若鹜，愿意投入外交史研究者人数比较有限。

近年大陆的政治、军事、外交史受到官方论述制约，学术性多少受限，然因研究者基数较大，持续有不错的研究成果出现。罗志田在 20 世纪末认为，不论我国大陆还是台湾，外交史是传统弱项，甚至外交本身也是随着近代西潮入侵才进入中国的新事物，故中国史学在外交史方面的积累本不厚，因史料、学者兴趣、专门知识等多方面的限制，两岸的外交史恐怕还会持续"冷淡"相当长的时段。笔者认为 21 世纪以来，中国外交史的发展比较正常多元，但因研究要求较高的外语能力、艰辛的档案阅读功夫，过程枯燥辛苦，加上缺乏吸引人的理论，有兴趣的年轻学子比较少，学术积累的速度并不理想，目前还处于研究基本重要个案的奠基阶段，近年逐渐进入思考讨论整体外交政策、中国与世界的互动等较大与较全面问题的层次。总而言之，中国外交史研究要走的路还很漫长。

日本学者川岛真认为大陆的中国的外交史研究近年进步很多、发展很快，史料的公开速度提升，方法论也有深化。问题在于：一、民族意识太强，政府的干涉太多，研究环境还没有自由化。特别是外交史研究与官方意识形态关系密切，很敏感，很难做，目前清末外交史比较好做，民国时期真正的外交史研究很少。二、有一些历史档案馆没有公开外交档案，学者只能用报刊、日记、文集做跟外交有关的宣传、国民运动等题目。三、外交史的研究成果几乎没有影响到历史教学。[①] 笔者认为他的观察具有较高的参考价值。

---

① 戴海斌：《我是如何进入中国近代外交史研究的——川岛真教授访谈录》，张剑、江文君主编：《现代中国与世界》（第一辑），第273—274页。

第七章

几个值得注意的研究取向

外交史研究与外部大环境密切相关。近年传统外交史研究在西方日益式微，中国外交史学术研究根基仍然不够强固，面对强大官方宏大叙事基调拘束，研究课题难免受限，事实上处于步履蹒跚、艰难前进的窘境。加以 20 世纪末到 21 世纪初，全球化趋势锐不可当，历史学研究中与"文化转向""语言学转向"相应的文化史、妇女史，"自下而上"又与"全球化"呼应的社会经济史等领域相当活跃，相形之下，传统政治、军事、外交史研究欠缺新理论观点与方法，表现比较沉寂，不容易吸引年轻学子投入。

外交史研究也与外交史料的开放与刊行密切相关。1920 年代《筹办夷务始末》等档案史料的刊行，让晚清外交史的学术研究萌芽并产出初步成果，可惜随即因全面对日抗战而中止。1949 年之后，北京中科院近代史所的设立，推动《帝国主义侵华史》（第一卷）的撰写，及史料、档案的搜集整理，遂有《近代史丛刊》《近代史资料》等的刊行。同时台北"中研院"近史所筹备处以接收整理

《外交档案》起家，1960—1980年代出版了大批中外关系史料以及二三十种清末民初外交史的专刊，奠定了全球中国近代史学界"南港学派"的基础。改革开放后，第一、第二历史档案馆等机构开放、刊行史料，同时台北近史所档案馆落成，《外交档案》全面公开，两岸的外交史研究前缘逐渐延伸到北洋政府时期，近三十年来"北洋外交"积累了一批引人注目的研究成果，逐渐形成较全面的学术讨论议题。

戴海斌指出，自1980年代开始，随政治语境的切换及档案史料的大量整理、刊布，北洋军阀史研究获得长足进步，实证色彩日渐鲜明。大约进入新世纪后，对北洋时代的总体认知呈现出重建态势，在日本、中国大陆及台湾地区，"1920年代"都曾被单独提出作为讨论的主题，相关研究领域不断拓展，观察视角更趋多元。就外交史领域而言，2004年中国社科院近代史研究所和复旦大学联合主办"北洋时期的中国外交"国际学术讨论会，并出版了同名会议论文集，收录中外学者论文26篇，基本反映了对此课题的最新思考。编者称"将北洋时期的中国外交置于整个近代中国外交的历史进程中进行考察，解释北洋外交的本来面目，并做出实事求是的评价，是本次会议论文的一大特点"。迩来在两岸学界，乃至日本、欧美，已经能感觉到"重估北洋"的风气，上述论文集中的几位作者，均有成熟的研究专著问世，如唐启华的《被"废除不平等条约"遮蔽的北洋修约史（1912—1928）》、徐国琦的

《中国与大战：寻求新的国家认同与国际化》、川岛真的《中国近代外交的形成》等，相继被引介。[①] 本章拟以这三位研究者的著作为中心，讨论外交史学界一些比较新的研究取向，以及这些取向对中国外交史研究可能会有什么参考价值。

一、 徐国琦的研究取向

徐国琦 1962 年出生，安徽枞阳人，1980 年入安徽师大历史系，1984 年入南开大学师从杨生茂教授，攻读美国外交史硕士，1987 年毕业留校任教。1990 年底赴美入哈佛大学历史系师从入江昭，1999 年获博士学位后，任教于美国卡拉马祖学院（Kalamazoo College），2009 年加盟香港大学，现任香港大学历史系特聘讲座教授。[②]

徐国琦继承入江昭提倡的文化史、国际史研究路径，早在 1970 年代传统外交史研究在西方学界已走到穷途末路时，在入江昭、韩德等学者的倡导下，国际史这一名称在美国学界得到相当程度的认同。国际史与传统外交史的主要区别在于它超越国界，侧重多层次对话，并以整个国际体系作为参照，强调国家间的政治、文化等多重交流、对

---

① 戴海斌：《从"北洋外交"研究看近代外交史研究的新取向——对近年几部海外著作的评述》，《中国学术》第 34 辑，2015 年 7 月，第 297—298 页。
② 参见徐国琦：《边缘人偶记》，成都：四川人民出版社，2017。

话及互动。① 入江昭的观点与做法，引导外交史研究的
"跨国转向""文化转向"，徐国琦将入江昭的方向发扬光
大，身体力行"国际史"研究。②

徐国琦的成名作是其博士论文改写的《中国与大战》
(*China and the Great War: China's Pursuit of a New
National Identity and Internationalization*)，③ 此书从国际
史的视野探讨中国与一战的关系：从中国参战目的、"以工
代兵"的参战政策、中国"外交政治群体"的形成，以及
大战对中国内政外交的长久影响，肯定中国政府借宣战废
除中国与德、奥间的不平等条约、跻身巴黎和会及参与国
际新秩序等成就。尽管中国对巴黎和会的结果感到失望，
却因此对世界产生新的想象，并借此探寻新的国家认同。
此书的出版，让过去以欧洲为中心的一战史研究，出现了
全方位视野下中国角色的新切入点。

美国宾夕法尼亚大学（University of Pennsylvania）日
本史专家狄更逊（Frederick R. Dickinson）评论，此书虽不
是第一本探讨中国与大战的英文书，但却是唯一一本从一

---

① 吴翎君：《从徐国琦新著 *Strangers on the Western Front: Chinese Workers in
the Great War* 谈国际史的研究方法》，台北《新史学》第 22 卷第 4 期，
2011 年 12 月，第 186—189 页。
② 徐国琦：《入江昭先生与两个学术巨大转向》，《世界历史评论》2022 年冬
季号。徐国琦：《"会当凌绝顶，一览众山小"——国际史研究方法及其
应用》，《文史哲》2012 年第 5 期。
③ Guoqi Xu, *China and the Great War: China's Pursuit of a New National
Identity and Internationalization*, Cambridge, UK and New York: Cambridge
University Press, 2005. 中译本见徐国琦著，马建标译：《中国与大战：寻
求新的国家认同与国际化》，上海：上海三联书店，2008。

手多元档案，探讨中国参战目的的学术著作。英国伦敦政经学院资深教授尼许（Ian Nish）称此书为"近几十年来最彻底、全面探讨此一主题的专著"，尽管书中某些观点或有争议，但本书以扎实的档案为基础，从具体例证分析过去较不为人知的中国方面的叙事，实为"撰写国际史的良好范例"。①

徐国琦于北京奥运举办之 2008 年，出版《奥林匹克之梦》(*Olympic Dreams: China and Sports, 1895－2008*)，②探讨从基督教青年会（YMCA）天津分会引进现代奥运活动百余年来，中国如何利用西方体育来改善中国的命运、重塑国家认同、提高国际地位。

2011 年徐国琦出版《一战中的华工》（*Strangers on the Western Front: Chinese Workers in the Great War*)，③他搜集散落世界的各种材料，从个人书信、日记、基督教青年会报告，以及中国、英国、法国、加拿大、美国等国的官方档案，补缀出华工参与一战的传奇故事，可说是踩着一群远赴"欧洲的奥德赛"（European Odyssey）华工之足迹，遍访与华工相关的欧美各国官方和私人图书馆。他甚至还搜罗

---

① 吴翎君：《从徐国琦新著 *Strangers on the Western Front：Chinese Workers in the Great War* 谈国际史的研究方法》，第 192 页。
② Guoqi Xu, *Olympic Dreams, 1895－2008*, Harvard University Press, 2008. 中译本见徐国琦著，尤卫群译：《奥林匹克之梦：体育视野下的中国与世界，1895—2050》，香港：香港中文大学出版社，2021。
③ Guoqi Xu, *Strangers on the Western Front: Chinese Workers in the Great War*, Cambridge, Mass.：Harvard University Press, 2011. 中译本见徐国琦著，潘星等译：《一战中的华工》，上海：上海人民出版社，2014。

了华工后裔提供的资料，在征集史料上的勤勉令人惊艳。①

此书从史料实证出发，书写方法严谨而有新意，入江昭在封底给此书以极高的评价称："这是第一部深入研究一战期间 14 万华工在法国参战的学术著作。凭借对大量历史档案资料的分析，该书对一战历史、国际移民、种族主义和跨文化交流等问题研究的推进做出不可估量的贡献。徐著行文流畅，叙述生动，这部书将使徐国琦置身中国近代史和国际史领域一流学者的行列。"②

吴翎君称上述三本专书为徐国琦撰近代中国的国际化历程三部曲，三书共通的特色，系以"中国中心"来探究中国国际化的轨迹，将中国与一战、参与近代国际体育活动、华工与一战等三大主题，通过多国档案的比较，融入全球视野，从而将近代中国纳入全球史，既探索中国国际主义的兴起，也说明中国人寻找新国家认同的历史进程。整体来看，徐国琦将中国对外关系的老议题，置于中国化（internalization，或译内化）和国际化的双重脉络中，爬梳更多元的原始史料深入探究，进而提出颇具原创性的研究成果。③

吴翎君指出，徐国琦的研究基本上处于欧美学界的中

① 吴翎君：《从徐国琦新著 Strangers on the Western Front: Chinese Workers in the Great War 谈国际史的研究方法》，第 185 页。
② 马建标：《小人物与大历史——第一次世界大战期间的华工》，《中华读书报》2011 年 8 月 10 日，第 10 版。
③ 吴翎君：《从徐国琦新著 Strangers on the Western Front: Chinese Workers in the Great War 谈国际史的研究方法》，第 184 页。

国史研究脉络之中，较为不同的是，他以"中国化""国际化"两个脉络处理近代中国对世界的参与过程，其最终关怀仍回归于中国的主体性，与中国自我追寻的历程。徐国琦运用的研究方法和视野，与两岸学界和日本学界探索中国对外关系的主体性明显不同，其研究特色为：第一，为入江昭等人主张的"全面性的国际关系史"脉络，国际史所兼顾的层面不仅是政治外交，还包括更广阔而全面的全球历史；第二，为柯伟林等提出的"中国的国际化"脉络，从中国内部及其本身，探寻与国际世界关联的意义；第三，为彻底的多档案主义，运用跨越单一国家或单一层面的档案；第四，为中国与国际社会的对话，即中国在参加以西方观点为主的国际秩序时，接受新加入国的国际社会也随之变化，而中国亦在此对话过程中寻找属于自己的国家认同。[①]

徐国琦于 2015 年又出版了《中国人与美国人：一部共有的历史》（*Chinese and Americans: A Shared History*）[②]，此书将六个具体叙事化个案，置于宏观的国际史和中美关系史视野，铺陈中美两国的共同交往旅程，阐述入江昭"所有的历史都是共有的历史"研究取径及其意义。西方学界的国际史研究是以美国为中心的国际史和跨国史研究，徐国琦与西方学界最大的不同，是他擅于运用多国和多元

① 吴翎君：《从徐国琦新著 *Strangers on the Western Front: Chinese Workers in the Great War* 谈国际史的研究方法》，第 190—191 页。
② Guoqi Xu, *Chinese and Americans: A Shared History*, Cambridge, MA: Harvard University Press, 2014. 中译本见徐国琦著，尤卫群译：《中国人与美国人：一部共有的历史》，成都：四川人民出版社，2019。

档案的交叉论证，并以具体个案阐释近代中国与国际体系的对话。此书一方面挑战美国学界侧重美国中心的论述，另一方面批判中国大国崛起后的中国中心论，不时叩问近代中美交往的历程中"何为中国"的意义，以中国为主体的国际史和中美关系史的研究特点，更加凸显其系列著作在英文学界的贡献。①

2017 年徐国琦出版《亚洲与一战：一部共有的历史》（*Asia and the Great War: A Shared History*）②，从"共有的历史"的角度，探讨一战爆发对中国、日本、朝鲜、越南、印度五国的冲击与影响。中国派出十几万劳工远赴欧洲；日本对德宣战，并随即占领中国山东；越南和印度不仅派出军队，还分别为法国、英国提供了巨大物资援助。即便是朝鲜，也在全世界奔走，并在巴黎和会上发出自己的声音。事实上，亚洲的参与才使"大战"变成了"世界大战"。徐国琦指出，"共有的历史"研究方法主要特点为：一、该范式的核心是"共有"，着眼于人类共同历史旅程及追求；二、彻底跳出民族-国家视野的学术范畴，尽量着眼于跨国史和不同文明之间的交流；三、强调个人及非政府机构的角色和作用。如果不从"共有的历史"的视野出发，我们无法全面和深入理解中国和日本之间因为一战而发生

---

① 参见吴翎君：《从徐国琦 *Chinese and Americans: A Shared History* 谈美国学界对中美关系史研究的新取径》，《台大历史系学报》第 55 期，2015 年 6 月。

② Xu Guoqi, *Asia and the Great War: A Shared History*, Oxford University Press, 2017. 中译本见徐国琦著，尤卫群译：《亚洲与一战：一部共有的历史》，成都：四川人民出版社，2020。

的千丝万缕的联系，也无法理解一战与印度、越南、朝鲜等国的关联。通过研究亚洲及第一次世界大战，我们可以恢复一战在亚洲历史和世界历史中十分重要的历史记忆，亚洲和这场战争之间的全面交汇象征着亚洲走向国际化这一漫长旅程的开始。[①]

徐国琦完成"国际化历史"三部曲，继续书写"共有的历史"三部曲[②]，除前述两书外，正在准备由哈佛大学出版社出版的《关于中国：一个共有的历史》（*The Idea of China：A Shared History*）。

徐国琦是入江昭的得意门生，可说是当今英文学界中国国际史的代表性学者，近年多本专书都在英美第一流出版社出版，跻身英文学界主流，非常不容易。他的书基本上是写给西方读者看的，而且是在全球化高峰时期写的，继承入江昭文化史、国际史的路子，在英文学界中评价很高；然而中译本的部分读者认为他的书稍嫌过于美国化、国际化、理想化。

二、 川岛真的研究取向

川岛真 1968 年出生于东京，1992 年毕业自东京外国

---

① 参见徐国琦：《第一次世界大战与亚洲"共有的历史"》，《文史哲》2018 年第 4 期。
② 应主编之邀，徐国琦将为"乐道文库"撰写《什么是共有历史》。——编者注

语大学外语系中文专业，入东京大学研究生院攻读东洋史硕士班，决定研究中国外交史，该年9月到台北"中研院"近史所档案馆看新开放不久的《外交档案》，开启了他大量阅读使用中国外交档案的研究生涯。他硕二时去南京第二历史档案馆查档，但是只看到一小部分，他以台北加上南京的档案，写成硕士论文《华盛顿会议时期的中国外交》，自称："基本上是按台湾地区的做法来做，为什么呢？因为蒋廷黻先生当官之后，是由郭廷以继承他这个学派的。"①

　　川岛真继续攻读东京大学博士班，师从滨下武志教授。日本的中国外交史研究自有其传承，坂野正高是与费正清同时代的标杆性学者，如果说费正清以中外关系史为其专业起点，构建起庞大的战后美国中国学研究的体系，坂野则凭借对清朝外交体制的全面研究，以名著《近代中国政治外交史——ヴァスコ・ダ・ガマから五四運動まで》（東京大学出版会，1973年）奠定了日本中国外交史学科的基础。在后学的批判性视野中，"坂野外交史"或带有浓重的时代印记，未脱"西方冲击论"与"传统-近代"范式的窠臼，但他开启的外交史研究路径影响极为深远。川岛真对于台北"中研院"近史所《外交档案》的开拓性利用，某种意义上在完成前辈未尽的遗愿，他自承："实际上将《外交档案》介绍给日本学界，被中国外交的承担者所吸引而对其进行考察，使问题内在化的领路人，不是别人，正是

① 川岛真：《清末外务部的设立与日本》，东北师范大学亚洲文明研究院，"日知论坛"第39讲，2010年9月。

坂野先生。"如同费正清史学在美国受到猛烈批评，"坂野外交史"在日本也遭遇过类似的尴尬境遇，继而无奈式微，以致后继乏人。①

坂野去世后，有人说在日本"中国外交史是绝学，做这门研究的就像珍稀动物大熊猫"。1990 年代川岛真开始北洋外交研究时，东京大学没有正宗研究中国外交史的教授，川岛真说他所继承的，基本就是坂野正高 1951 年的《第一次大戦から五卅まで——国権回収運動覚書》的路子。戴海斌认为，日本的中国外交史研究基因足够顽强，通过"隔代遗传"的方式，仍然结出了硕果。而川岛真的工作对日本的中国外交史研究实有"兴灭继绝"的意味。②

川岛真于 1995—1996 年，在南港近史所看《外交档案》一年多，同时也去台北"国史馆"、党史馆等处看档案。受益于后来大陆的开放，他到了南京第二历史档案馆及北京、上海、广东、湖北、辽宁等各处的档案馆，查看北洋政府相关史料。③ 1997 年他修满东京大学研究生院人文社会系研究科博士课程学分，1998 年 3 月赴北海道大学法学部政治学系任教，同时撰写博士论文。2000 年 3 月递

① 罗夷：《"弱"政府的"强"外交》，《东方早报·上海书评》2012 年 10 月 28 日。
② 参见戴海斌：《我是如何进入中国近代外交史研究的——川岛真教授访谈录》（2014 年 10 月 2 日采访），张剑、江文君主编：《现代中国与世界》（第一辑），第 257 页。罗夷：《"弱"政府的"强"外交》，《东方早报·上海书评》，2012 年 10 月 28 日。戴海斌：《从"北洋外交"研究看近代外交史研究的新取向——对近年几部海外著作的评述》，第 322 页。
③ 川岛真：《清末外务部的设立与日本》，东北师范大学亚洲文明研究院，"日知论坛"第 39 讲，2010 年 9 月。

交了博士论文《中華民國前期外交史研究》，顺利取得博士学位。2000—2001 年，由日本"国际交流基金"派到北京外国语大学日本学研究中心服务。川岛回日本之后，还一个月去北京一次，到 2003 年为止共花了四年时间。2006 年他转到东京大学总合文化研究科任教，专攻亚洲政治外交史、中国外交史。

川岛真的博士论文修改出版为《中国近代外交の形成》（名古屋大学出版会，2004 年），甫一出版即被誉为"在时代语境中把握中国外交官为追求在国际社会中的文明国地位而创立制度和政策的力作"，一举斩获日本学术界分量甚重的"三得利学艺奖"（第 26 届政治·经济类）。[①] 同年加印发行，后又再版，迄今日文书评大大小小已不下十篇。2012 年中译本《中国近代外交的形成》（田建国译，北京大学出版社）出版，迄今佳评如潮。

扎实独到的档案功夫可说是川岛真研究的特色。此书在研究取向上立意追求"可信的历史"，而不是带有后设价值的诠释判断，试图重建"事实层面"的近代外交原貌，故特别重视发掘中国大陆和台湾地区各地收藏的外交档案、政府公报等各类原始资料，在史料搜集整理上达到了前所未有的高度，自称："1992 年 9 月以来到现在，报告者的

---

① 该奖是由公益财团法人三得利文化财团主办的学术奖，于 1979 年创立，对象为日本语执笔、日本国内出版的人文科学·社会科学的研究者，但得奖者的国籍和职业都不限，多为研究机关和大学里面的教员。分为：政治·经济类、艺术·文学类、社会·风俗类、思想·历史类。

life work（毕生事业）就是阅看中国外交档案。"①

由于连年战乱的关系，近代中国外交档案分散在各处，川岛真累积十多年到处查看档案的经验，基本摸清楚了整体收藏情况。他认为外务部档案有 40％ 左右在北京第一历史档案馆，30％ 左右在台北的"中研院"，剩下的大部分在中国国家图书馆分馆。北洋政府外交部档案 70％ 在台北（50％ 以上在"中研院"，10％ 左右在"国史馆"），剩下的 30％ 分散在南京的第二历史档案馆和北京的中国国家图书馆。国民政府时期外交部档案分布比较复杂，台北的"国史馆"、南京二档馆、重庆市档案馆都有。因而他知道做什么题目该在哪里找相关档案，例如做巴黎和会应该去台北，研究外交官考试，应该去南京二档馆。②

川岛真进而考察各处档案的异同、编辑方式及形成历程，史料功夫细腻独到，把史料的批判做到极限，因而能够进入档案编辑的"语境"，批判性地解读档案。这种建立在扎实档案基础上的历史研究，看上去可能平淡无光，实际是反击既存评价类研究的最有力武器。③

批判性的研究视角是川岛真的另一特色。此书的研究视角既有宏观的架构，又有微观具体的个案研究。他提出

---

① 川岛真：《民国初期北京政府的外交——作为文明国的外交和中国外交史叙述的形成》，华东师大"思勉人文讲座"第 217 讲，2014 年 9 月 29 日。
② 川岛真：《清末外务部的设立与日本》，东北师范大学亚洲文明研究院"日知论坛"第 39 讲，2010 年 9 月。
③ 戴海斌：《从"北洋外交"研究看近代外交史研究的新取向——对近年几部海外著作的评述》，第 323 页。

了整体理解中国外交的宏大框架，并用具体个案研究说明（事实上他的个案研究只具体解决了一小部分问题，留下了许多可以进一步思考研究的空间），对既有北洋外交研究成果提出全面的解读与深刻的批判，读来令人耳目一新。

全书共分四部。第一部"近代外交行政制度的确立"、第二部"文明国化与不平等条约的修改"，分别从制度面与实践面论证了全书的基本假设：当时外交官确立了"文明国化"的目标，即追求文明国地位和国际社会成员资格，从他们所从事的活动中可以看到"近代外交的形成"。第三部重新检视所谓"近代外交"中传统外交的潜流。第四部着重于讨论中央与地方的外交行为。川岛真自云，此书最重要的课题是检讨"历史中的外交"而非"外交中的历史"，即对于当时的中国，外交到底有什么样的存在意义。

文明国化是川岛真此书又一个特色。他讨论北洋时期近代外交形成的方方面面，依据档案揭示"事实"，指出当时中国外交官意识到的以欧美为中心的国际社会范式及其所实行的外交，即民国外交官头脑中的"近代"意识和建设"文明国"的志向。有读者指出，在他观照中国外交的视野中，明治维新时期的"文明开化"及"条约改正"相当于一条潜在参照线，故而他在评价民国初期外交致力于"近代"时，隐含着堪与日本"媲美"的肯定。另有读者指出，所谓"文明国"是指具备国际社会完全成员资格的国家，要做到这一点，就必须满足西方意义上的"近代"要素。此书意图用"文明国化"的视角，发掘在"反帝"理论下难于把握的外交特质，这一强调内在连续性的思路对于北洋外交官或许适用，但要进一步处理复杂时代语境下中外关系课题，还需更为综合的研究。

正面肯定北洋外交是此书的中心论点。川岛真超越"革命史观"，连续性地考察晚清到民国的外交表现，肯定"近代外交"在北洋时期主要表现（收复国家主权、维护领土完整和国家统一），认为当时北京政府主要通过提高国际地位和对外交涉两种方式修改不平等条约。前者通过完善国内制度，在国际联盟中承担责任义务，参与一战并成为战胜国来实现，后者则通过与列强的修约谈判来进行。所取得的外交成果，"大于清末，而且也大于国民政府，或至少相同"。他断定，这一时期的外交方针"构筑了以后外交政策的基础"，甚至可以说，"中华民国前期是铸造中国近现代外交的时代"。他指出，自宣传、动员、组织、采用民族主义和社会主义理念方面的区别而言，可以将北京政府视为"追求通过 19 世纪型的文明国化加入国际社会的政府"，而国民政府"则是靠民族主义等 20 世纪型的理念向国际社会显示自身存在的政府"。

或许值得一提的是，川岛真对北洋外交的许多观点与笔者相近（当然也有不少不同的地方），我们长期一起在南港阅读北洋《外交档案》，经常讨论相关问题。[1] 他曾对笔

---

① 参见戴海斌：《我是如何进入中国近代外交史研究的——川岛真教授访谈录》，第 261 页。及罗夷：《"弱"政府的"强"外交》，《东方早报·上海书评》2012 年 10 月 28 日。

者说过，他的论文（及书）"提出的问题比解决的问题更多"，即提出了许多大问题，但是还需要做更多的基础个案研究来验证。

川岛真出版《中国近代外交的形成》后，研究重心转到整体东亚外交与当代中国等相关的评论，编辑的书比较多。在中国外交史研究方面，近年发表了论文《晚清外务的形成——外务部的成立过程》。① 最近他正在进行中日"二十一条"交涉研究，力图结合日本脉络（列强关系史）与中国脉络（中国外交史），以获得更全面的成果。期盼他新的研究成果早日完成。

值得注意的是，1990 年代川岛真决定投身于中国外交史研究时，日本的中国外交史研究是"绝学"，经过多年的努力后，2014 年他却抱怨"日本现在研究中国外交史的人很多，……有点无聊"。② 川岛真与冈本隆司共同领导于2004 年 7 月成立的"中国近代外交史研究会"，带领一批青年学者，在日本学界相当活跃。2009 年两人编著的《中国近代外交の胎動》（東京：東京大学出版会）一书，收录了多篇有关晚清外交的专题论文，概分为三部，用"夷务の時代""洋務の時代""外務の時代"为标题分别统摄。该书集结了日本研究近代中国外交史的新锐学者，大多是

---

① 川岛真，薛轶群：《晚清外务的形成——外务部的成立过程》，《中山大学学报（社会科学版）》第 51 卷第 1 期，2011 年。
② 戴海斌：《我是如何进入中国近代外交史研究的——川岛真教授访谈录》，第 258 页。

"中国近代外交史研究会"的成员。[1]

三、 唐启华的研究取向[2]

笔者 1955 年出生于基隆，1977 年台中东海大学历史系本科毕业，1982 年硕士班毕业。本科时期"中国近代史"相关课程受教于吕士朋（1928—2023），他毕业于台湾大学历史系，1955 年起任近史所筹备处助理员三年，追随郭廷以做《清代筹办夷务始末索引》，1958 年到东海任教，其课程内容基本是郭廷以的路子。硕士班的"中国外交史专题"是杨绍震（1909—1999）教的，他是清华大学第 5 级历史系学生，1933 年毕业，当过蒋廷黻的助教，1935 年考取庚款留美专攻美国史，与钱学森、夏鼐等同船赴美。1937 年取得哈佛大学历史学硕士学位，曾任职驻美使馆，

---

[1] 戴海斌：《从"北洋外交"研究看近代外交史研究的新取向——对近年几部海外著作的评述》，第 318 页，注 35。冈本隆司（1965 年生）是另一个值得注意研究中国外交史的日本学者，他出生于京都，1988 年毕业于神户大学文学部，1993 年完成京都大学文学院研究科博士课程，先后在宫崎大学、京都府立大学、早稻田大学任教。1996 年以论文《清末洋関の起源》取得博士学位，1999 年出版《近代中国と海関》，次年获得大平正芳纪念赏，2004 年出版《属国と自主のあいだ——近代清韓関係と東アジアの命運》，次年获得三得利学艺赏。2007 年出版《馬建忠の中国近代》，2009 年与川岛真合编《中国近代外交の胎動》，2014 年编著《宗主権の世界史——東西アジアの近代と翻訳概念》等书，还写过通俗书《李鴻章》《袁世凱》等，是一位实力派学者。

[2] 此处以笔者自己为举例的代表及书写对象，实在不适合，窃意仅在以自己的经历，指出研究北洋外交一个可能的路径，没有自我标榜的意思，还请读者海涵。

抗战胜利后返国任职于行政院资源委员会，1949 年赴台，1955 年任近史所筹备处研究员，1956 年到东海大学任教，主要教西洋史课程，而他的外交史课程完全是蒋廷黻的路子。笔者当时对外交史有兴趣，但因为看不到南港近史所的《外交档案》，硕士论文转做明清史的题目，毕业后到专科学校教了四年"中国近代史"课程。

笔者于 1986 年赴英国伦敦政经学院国际关系史系（Dept. of International History）攻读博士学位，师从尼许教授，他是英日外交史大家，笔者跟着他学习正统外交史的观念与方法，他特别强调"看档案"，从档案中找题目。观念上最大的突破，是他对笔者指出中国外交史研究中往往有强烈的反日民族主义，然而"研究历史必须要能区分什么是历史事实（Historical Facts），什么是政治宣传（Political Propaganda）"。这一启示对笔者不啻"当头棒喝"，警觉到我以前学的近代史本质上接近政治宣传，自此从头对照各国、各党派不同的历史论述，参见各国多元观点，逐渐形成自己对近代外交史的理解与问题意识。

博论选题时，考量到中国学界研究 1920 年代中英关系时多注意英国与崛起中的广州政府的交涉，忽视了动乱衰亡中的北京政府的外交，然而笔者大量阅读英国外交部（Foreign Office，简称 FO）档案后，体会到当时世界各国承认的中国中央政府是北京政府，北洋外交应是当时中国外交的主体，而伦敦对北洋外交评价颇高。和导师经多次讨论后，决定探讨北伐时期英国与北京政府的外交关系。

在尼许教授指导下，笔者学习外交史研究之"多国档案对照研究法"，有三年半的时间天天去英国国家档案馆（Public Record Office，简称 PRO，后来改名为 National Archive）看 FO 档案，每天早上搭火车到基尤桥（Kew Bridge），走泰晤士河边的纤道（tow path），一边观赏美景一边思索问题，到 PRO 抄录一天档案，傍晚回程时在纤道上咀嚼回味这天读过的档案，伦敦官员与驻北京使馆官员的对话及他们对中国的观察，并在脑中形成问题，敲定次日阅读的方向，周而复始，在在都是无比的享受。

正好南港近史所档案馆于 1988 年落成，《外交档案》开放使用，我多次回台看北京外交部与奉系安国军外交处的内外折冲，对照中英档案，完成博士论文《英国与北京政府，1926—1928》（*Britain and the Peking Government, 1926 - 1928*）。全文分为两篇，第一篇侧重政治关系，讨论英国制定对华新政策、承认北京政府、英国与南北和谈、英国与张作霖关系等问题。第二篇侧重事务关系，讨论中英修约与收回天津英租界谈判、罢免海关总税务司安格联（Francis Aglen）交涉、关税自主交涉等问题，基本上都是高度原创性的研究。笔者发现当时英国对华外交是北京与国民政府并重，南北外交间也有重要的互动，而北京与南京外交具有相当程度的延续性，这篇学位论文奠定了笔者对北洋外交独特观点的基石。

1991 年笔者取得博士学位回台任教，正值台湾地区解严，学术研究不再有禁忌，笔者尽量利用课余时间去近史所档案馆看档案，三十年下来形成自己的诠释架构，陆续出版了五本专书。

《北京政府与国际联盟（1919—1928）》（1998）：以《外交档案》03‐38 国际联合会与《外交公报》等一手史料为骨干，辅以报章杂志及部分国联出版品，较全面地探讨自 1919 年国联筹划成立，中国加入成为创始会员国，到 1928 年北京政府倾覆止，以"北洋外交"的国际层面为中心，考察北京政府于欧战之后，参与全球新外交格局，对最重要的国际组织参与的状况，诸如中国对国联行政院非常任席位的争取、会费问题、对各专门机构的参与等，并对北京政府提升国际地位、维护国权及国家体面的表现给予较高的评价。此书是中文学界第一本对这个主题的严谨研究，对理解近代中国参与国际组织的历程，应该有点贡献。后来笔者又写了《清末民初中国对"海牙保和会"之参与（1899—1917）》及《北洋外交与"凡尔赛—华盛顿体系"》等相关论文，都是这个思路的延伸。

笔者认为自清末以来，中国努力参与国际组织，签署国际公约，承担国际义务，希望能以西方式"文明国家""主权国家"的身份加入国际社会，进而受国际公法的保障，维护国家的独立自主。民国初年继续此趋势，借由参加欧战，成为协约国一员，并以战胜国身份参与欧战后世界新秩序的规划，对"凡尔赛—华盛顿体系"积极参与，并对这个体系主要条约基础的《国联盟约》及《九国公约》，皆参与制订。北洋时期中国在此体系中取得远超出当时国力的地位，厕身国联行政院、国际法庭，在国际坛坫享有发言权，使在中国有条约特权的列强，尊重中国主权与领土完整，大幅度改善了中国的国际处境。

《被"废除不平等条约"遮蔽的北洋修约史（1912—1928）》（2010）：前书完成后，笔者决定延续博士论文的关怀，探讨"修约"与"废约"问题，使用《外交档案》、FO 及其他相关史料，将北洋时期签订及修改的中外条约，逐个做个案研究。没料到一做就是 12 年之久。

原因之一是当初以为许多问题可参考前人研究成果，自己只要补充没被做过的个案即可。但很快发觉过去的研究成果大多不能用，每个个案都要回到原始档案从头做起。结果，《中德协约》花了两年，《中俄协定》更是钻进去五年后才算大致厘清全貌，《中日民四条约》也花了一年。北洋末期之"到期修约"是在写博士论文时就探讨过的课题，但是进入原始档案后，才体会到其中层次内容异常丰富，又花了两年才弄清楚。

原因之二是过去研究者多择定一个列强做双边外交史研究，主要使用两国档案，顺着两个历史脉络发展，比较容易处理。笔者做的是北洋外交，必须处理与所有列强，还有"北京外交团"的交涉，难度增加很多倍。

原因之三是笔者研究的视角与学界主流诠释出入较大，又与现实政治相关联，每一个个案都像是脱离既有的道路，迈进荒原中摸索，有新发现时固然乐趣无穷，但是每每得出与成说不同的新诠释，必须慎之又慎，尽可能做到史料扎实、论证严谨，务必在面对质疑时能站得住脚。

12年的功夫没有白费，其间得到许多前辈、同道的指点协助，逐一攻克难关。此书之主旨，在指出中国近代史中强调"反帝废约"之"革命史观"的问题，还原遭革命宣传扭曲、被"废除不平等条约"遮蔽的北洋修约史，依据档案史料指出北洋政府努力修约而且成果斐然。南京国民政府之外交政策，表面上遵循总理遗教，实质上继承北洋末期之到期修约。一则以实证研究成果还原北洋外交史，指出废约之外还有修约，而修约可能是主线。二则指出中国外交史的连续性与多元性，修正过去单调贫瘠的史观，丰富国人对中国近代史的理解。三则摆脱过时政治宣传的束缚，更全面开放地思考近代史。

《巴黎和会与中国外交》（2014）：笔者在1995年曾经指导廖敏淑写过巴黎和会的硕士论文，知道南港《外交档案》中的巴黎和会部分多是杂件，相当不完整。后来在南港近史所看到《外交档案》中03－13《驻比使馆保存档》2007年底开放的后半部，其中有许多前所未见的机密档案，又发现03－13档原始的匣套都贴有"上海陆子兴司铎留存驻比大使馆"字条，可确定是1912—1920年间陆氏主持外交期间的重要文件，推断是1921年他带到欧洲去，后来交给驻比利时大使馆的，可称是民初外交秘档，其中最重要的部分是巴黎和会中国代表团的收发电，笔者如获至宝，决心好好地把和会外交重新做过。

重建史实后，知道一战爆发日军出兵攻占胶州湾，北京政府即积极筹备参与战后和会预备提出山东问题，中国参战前后陆征祥做了许多和会准备工作，并于一战停火后拟定给代表团的明确训令。陆氏赴欧参加和会，路过日本、美国途中，将中国和会方针由"亲日联美"转为"联美制日"，以及和会期间的交涉和最后拒签对德和约情形等，许多以前模糊不清的关键问题，基本上可以还原其始末。

此书还原的"历史事实"，反映出迄今巴黎和会"外交失败"、引发五四运动等一系列的官方近代史论述的另一个面相，可丰富吾人对那段历史的理解。笔者以坚实的实证研究为基础，不让人感觉到是哗众取宠故做惊人之论，而是严谨的学术著作，因而引文较多，讲求信实可靠。

《洪宪帝制外交》（2017）：依据《外交档案》03－13档中的"国体问题"部分，与 FO、《日本外交文书》，做三国档案对照研究，并参考中、英、日文的研究成果，将洪宪帝制、中国参战案、英日在远东争霸、中国与欧战等几个主题贯串，还原当时的史实和语境，与过去认为"袁世凯在二十一条交涉中出卖国权，交换日本支持他称帝""实行帝制导致护国军起义，袁世凯众叛亲离，羞愤而死"等革命党论述对话。

此书指出洪宪帝制之成败，与当时的外交关系密不可分。1914 年夏欧战爆发，欧洲列强集中全力于欧陆争胜，日本乘势夺取远东外交主导权，东亚国际关系发生重大变化。而洪宪帝制与欧战息息相关，诸如英国购械、中国参战、协约及同盟阵营在华竞争、英日争夺东亚主导地位等，都是当时的重要外交背景，与帝制运动的走向和成败密切关联。日本对袁世凯的敌视应是帝制失败的主因，日本陆军参谋本部及大陆浪人视袁氏为日本称雄东亚的主要对手，力主利用袁氏推动帝制趁机干预。袁氏以参战问题联合英、俄、法压制日本，顺利推动国体投票，然而1915年11月下旬英军在加里波利（Gallipoli）战役失败，英国对日本依赖加深，不得不承认日本在东亚外交的主导权，并在1916年初向日本提出海军援助要求，日本遂得以全力支持中国反袁势力，贯彻倒袁政策，去除大陆扩张之最大障碍。

以上三本书共同组成所谓"北洋外交三部曲"。《洪宪帝制外交》探索革命史观及民族主义两者的根源症结，与1911—1916年革命党及护国军对洪宪帝制的批判对话，重新思考民初袁世凯、北洋派与中日关系。《巴黎和会与中国外交》以国际参与历程及北洋视角与民族主义叙事结构对话，反思1917—1919年卖国贼亲日导致"外交失败"引发五四运动之论述。《被"废除不平等条约"遮蔽的北洋修约史》与革命党反帝废约史叙事结构对话，检讨1920—1928年联俄、国共合作以来的"反帝废约"革命史观叙事。

《陆征祥评传》（2023）：笔者长期研究北洋外交，发现陆征祥是清末民初主持中国外交的关键人物，然而一直遭到忽视与误解，多次想对他做较全面的研究。正好2019年陆氏藏于比利时修道院的个人文书扫描档在台北"中研院"开放使用，笔者遂利用疫情留台的机会，阅看档案撰写书稿。

此书探索陆氏早年入上海广方言馆、京师同文馆学习法文，因缘际会到圣彼得堡追随许景澄，步入职业外交官一途。《辛丑和约》后清政府成立外务部，开始重视外交官的专业能力，陆氏遂得以于 1906 年担任驻荷兰公使，在次年海牙保和会上表现杰出，并艰辛谈判签署《中荷领约》。1911 年赴俄谈判修约，并担任驻俄公使。辛亥革命期间，陆氏率先领导各驻外公使电请清帝退位，1912 年临时大总统袁世凯邀请陆氏担任北京外交部首任总长。陆氏制定外交部章程，坚持只用外交专业人员，培养出一批优秀外交官，但因在中俄外蒙古交涉中，受到国会掣肘而辞职。

一战爆发后，日本对德宣战攻占胶州湾，对华提出"二十一条"要求，袁世凯召回陆氏担任外长并主持谈判，经艰苦交涉 3 个月，最后签署的《中日民四条约》已经尽可能维护国权。袁世凯推动洪宪帝制时，陆氏任国务卿。袁氏身亡后，陆氏协助段祺瑞外交工作，促成中国参战，并筹备参与战后和会。1919 年巴黎和会召开，陆氏担任中国代表团团长，他制定"训令"，相机将"亲日联美"外交方针调整为"联美制日"，中日在和会竞争山东问题，美国因种种不利因素，最后与日本妥协，中国代表团为是否在《对德和约》签字激烈争执，最后陆征祥毅然决定拒签。1920 年陆氏返国后，决心退出政坛，因缘际会于 1922 年担任驻瑞士公使，迨 1926 年比利时籍培德夫人过世，次年陆氏辞职进入比利时天主教本笃会修道院成为修士，1935年晋升司铎。陆氏在修院仍然关心国事，"九一八"事变后，他引用天主教教义谴责日本侵占东北；二战期间，他协助中国海外宣传。迨德军攻占比利时，修道院被征用，陆氏居住民间，多次演讲介绍中国情况，并写成回忆录，以法、英、西等国文字出版。1946年陆氏被罗马教宗任命为比利时一所修道院的荣誉院长，他多次想回国宣教，但因年高体弱不能成行，1949年在比利时过世。笔者认为陆氏的一生，与中国外交及中西文化交流密切相关，多彩多姿，反映了中国外交史的一个重要面向，值得重新评价。

笔者以上诸书最常遭读者诟病的是：偏重"求真""求信"，书中引用档案原文及细节考证较多，叙事文白夹杂，欠缺文采，对一般读者而言，可读性较差。

四、 与三者的商榷

长期以来，"革命外交"一直是近代外交史叙事的主线，北洋政府被定位于反革命的一方，"北洋"的整体形象负面化，也包含了对其外交成绩的评估，常被冠以"卖国外交""屈辱外交""弱国无外交"等帽子。近年来，随着实事求是的学术研究成果相继出现，"北洋"的面相逐渐多元化。川岛真、徐国琦与笔者的著作，相当大的部分聚焦于"北洋时期"，并给予当时中国外交迥异于传统的正面评价。诚如戴海斌所说，"北洋外交再研究"不能说是一种孤立的学术现象。[1]

以上三位学者的研究成果，展现了21世纪初期中国外交史研究的新动向，三位都有外国训练，国际视角比较强，同样注重档案功夫，尤其是多国档案对照研究法，也同样尊重历史事实，但是各有侧重方向，可供年轻学子借镜取法。然而，也有不可讳言的共同的缺点，即对传统中国政治外交的理解有限。

1931年蒋廷黻在《近代中国外交史资料辑要》上册自序中已指出，甲午战争前中国主要关注内部事务，洋务以羁縻为主，对外交的主导性还比较高，因此"甲午以前，我们当特别注重中国方面的资料"；甲午以后，"中国外交完全丧失了自主权，北京的态度如何往往不关紧要，关紧要的是圣彼得堡、柏林、巴黎、华盛顿及东京间如何妥协或如何牵制"，西方各国新出材料也多，故要在外国史料上多下功夫。同时中国朝野逐渐体认到必须尽快融入世界、改革内政，力图自保，中国外交官及外交档案形式也逐渐发生变化，民国肇建后，政治外交体制及文书格式变化更大。

因此，研究晚清中国外交史者，多从传统史料下手，深入当时中国政治脉络；治清末民国外交史者，则需多从西方、日本史料下手，注重外部世界对中国的影响及中国

---

① 戴海斌：《从"北洋外交"研究看近代外交史研究的新取向——对近年几部海外著作的评述》，第298页。

的应对。这就造成中国外交史研究的两难局面：能够兼通甲午以前传统中国档案及甲午后列强外交文书的，极为罕见。徐国琦、川岛真、唐启华的研究，对于传统中国政治外交脉络的掌握相对就比较弱。

准此，茅海建的研究路数值得特别注意，虽然他主要做晚清政治史，事实上涵盖了政治、军事、外交，档案功夫扎实无比，摸透晚清政治脉络，把外交史放在中国政治语境中深度解读。这个注重近代中国外交传统根源的研究取向，特别值得致意。他的学生如戴海斌（"晚清外交文书研究"）、李文杰（《中国近代外交官群体的形成，1861—1911》）等，都继承这个传统，并且能够向后延伸，进入清末、民初政治外交，很有可能贯穿清朝、民国交替以及中外视角的两道"鸿沟"，跨越中国外交史研究的壁垒。

茅海建除了要求学生多看清代档案外，还有系统地训练学生分别研究中国与各周边国家，以及各个边疆地区与内地的关系。这个研究取向，对理解中国传统宗藩关系及其近代演变，以及在"后西方时代"重建东亚国际秩序，都具有深层的意义。从以上两个层次看，茅海建的档案功夫及研究视野，在中国外交史研究中十分值得重视。

第八章

结 语

一、 外交史研究回顾

外交史是 19 世纪西方近代实证史学之先锋，着重以档案史料功夫重建"史实"，20 世纪受到从下到上的社会经济史批判，尤其以年鉴学派的批评最为严厉，他们主张整体长时段结构的演变趋势才是值得研究的海洋深层洋流，外交事件只不过是海面上的浪花。再经历一战的冲击，外交史学界逐渐朝向减少民族主义观点，注意外交政策的社会经济背景，努力走向国际史。二战后，美国社会科学兴盛，冷战时期的意识形态竞争及层出不穷的"理论"，让传统外交史日趋边缘化。1970 年代文化转向、后现代、后结构、后殖民等"后学"兴起，从根本动摇了近代历史学的"认识论"基础，文化、认同、意义压倒一切，外交史坚持的档案功夫及正式叙述被一一解构。1990 年代冷战结束，全球化高歌猛进，外交史赖以立足的"民族国家"世界体系似乎摇摇欲坠，美国外交史学界不断有走向跨国史、全球史的呼吁。本世纪初全球化转趋退潮，以中国为首的非西方世界崛起，学界有"后西方时代"来临之说，外交史的西方中心根基遭到进一步质疑。

外交史原本是"西方中心""科学实证""线性进化"的学问，历经百年来的种种冲击日趋衰微，至今在西方历史学界已相当边缘化。外交史学界为适应时代变迁，努力做出种种调整，然而坚持档案功夫、尽可能"如实呈现过去"，始终是外交史研究的核心精神，虽屡遭讥讽批判，依旧坚持初衷。

中国的外交史研究是在西力冲击之下开展的，自始就有革命宣传、学术化两条路线。前者以清末民初的刘彦为代表，建构清政府腐败、割地赔款、丧权辱国的系谱，宣扬反满反北洋革命，学术性不强但煽动力很大。后者始于马士的著作，依据 FO 档案书写晚清外交史，不免有浓厚英国观点色彩。1920 年代蒋廷黻为代表的留学生归国，发掘刊行中国档案与西方史料对话，致力于中国外交史研究学术化、历史化，获得了初步的成果。同时马克思主义传入中国，以"反帝废约"为主轴为革命宣传外交史论述增添了世界革命的色彩。1930 年代因日本入侵，刚萌芽的中国外交史学术化趋势戛然而止，学者多投身政界，报效国家以救亡图存。

1949 年后，大陆新史学兴起，清除马士、蒋廷黻等的亲美资产阶级历史学余毒，外交史化约为"帝国主义侵华史"，同时学术化的实证趋势持续发展，继续搜集、刊行史料并培养人才。在台湾地区，郭廷以继承蒋廷黻的学统，筹备建立"中研院"近代史研究所，训练年轻研究人员整理刊行《外交档案》，进而出版专刊，外交史的学术化交出相当亮丽的成绩单，"南港学派"在全球近代中国研究学界一时颇负盛名。然而台湾学界受美国社会科学影响较深，社会史、新文化史各种理论引入，枯燥的外交史很难吸引年轻学子投入，逐渐步向衰微。

改革开放以后，中国大陆外交史学界与西方、日本以及我国台湾学界频繁交流，实证客观的学风颇有复兴之势，但因西方后现代、文化史等理论思潮不断涌入，年轻学子趋之若鹜，加以官方档案史料开放不如理想，而外交史课题常被视为敏感，研究受到相当程度的制约。

21世纪以来，中国国力快速成长，国际地位不断上升，俨然已成为世界大国，"后西方时代"似乎正在浮现，近年美国极力遏制中国发展，世界局势动荡，地缘政治、战争与和平、民族主义、强权政治、军备竞赛、大国结盟等传统外交史的研究课题，再次成为国际关系的核心议题，社会史、文化史、后现代研究等也都有退潮迹象，百年来不断被批评的民族国家叙事与外交史研究，似乎迎来了新生的契机。尤其是中国崛起，在世界的位置越来越重要，对全球事务的发言权日益增大，时时有提出重整世界秩序新构想的迫切需求，在在都有向历史经验借镜反思之处，中国外交史颇有成为重要学科的可能。

然而，迄今中国外交史研究的学术积累还比较薄弱，仍处于补课、赶课阶段，学科内部对相关的问题意识、方法论等核心问题以及本身学术史的讨论不多，共识比较弱，面对时代的要求，底气明显不足。此时，应该是对中国外交史研究全面盘整，并对研究前景与努力方向做出省思，定位诠释理论框架与方向，直面学科下一波成长高潮，为大国崛起急需的软实力做好准备工作的关键节点。

简言之，一百多年来西方的外交史研究有多次的转变，中国的外交史发展也历经许多波折，而中国的国际地位更有天翻地覆的巨大变化，笔者认为此时的中国外交史研究任重道远，谨于此际提出个人对学科发展的浅见，还请学界高明多多匡正。

二、 中国外交史的基本性质

外交史可称为"兰克史学"的长女，特别注重史料考证，以"如实呈现过去"为天职。中国外交史自20世纪初开始出现，就有"实证"与"救亡"两条发展路径，迄今"史料学派""史观学派"仍然不时呈现紧张拉扯。

一方面，百年前蒋廷黻致力于将中国外交史"学术化""历史化"，着力收集、刊行档案史料，与英国蓝皮书对话，撰写客观的中国外交史，这个"如实呈现历史事实"的学术传统一直延续到现在。另一方面，中国由于一百多年来受外力严厉侵逼，几代仁人志士勠力于救亡图存，以追求国家独立自主与富强为第一要务，中国外交史相当长的一段时间内，成为国族建构、爱国主义教育重要的一环，以激发国民爱国心团结对外为主要目的，学术性并非优先考量。在百年国耻论述中，外交失败常与革命宣传相联结，因此清末"割地赔款、丧权辱国"与"推翻满清"密切相关。民国初年革命党以"二十一条""巴黎和会外交失败"为口实，宣扬推倒袁世凯及卖国的北洋政府。外交史常成为"政治宣传"重要的一环，而宣传造成的结果与"历史记忆"，也成为一种"历史事实"。

中国外交史中的两种"史实"，都值得研究，然而不可讳言，迄今有关宣传的研究过多，导致国人的历史记忆失衡。1931年蒋廷黻主张："研究外交史不是办外交，不是做宣传，是研究历史，是求学问。……宣传品也有其价值，或者很大的价值，但仍不与历史同道。依我个人看来，现在国人所需要的，与其说是宣传品所能供给的感情之热，不若说是历史所能供给的知识之光。"前贤的卓见，今日读来依然贴切。

政治宣传有其一时的目的与作用，长远来说往往会带来更大的副作用。笔者认为今日中国崛起为世界大国，但是国人在观念上还停留在弱国心态，亟待提升。中国在弱国时期，必须依赖革命史观、民族主义的国耻叙事来凝聚人心、抵御外侮，维护国家主权与利益。国家逐渐强大后，应尽可能理解其他国家的观点，了解各国都有努力争取国家利益现实主义的一面，也有维护全球共同利益理想主义的一面。现在中国正要成为主导世界秩序的大国之一，更要有全球视野，超越西方中心、线性进化视角，将中国置于 500 年来世界发展的大脉络中，思考近代全球秩序变迁历程，借此丰富官方历史论述，提出对第三世界及全球有号召力的理念，负责任地维护世界和平与永续发展。

三、 研究中国外交史的方法

1980 年代中，入江昭将外交史的研究方法区分为四类：

一、传统的"多国档案对照研究法"。需要对现有文件进行检查，在证据中重建政府之间过去的往来。这种方法需要历史学家的语言能力和耐心，以及呈现问题各个面向的热情，此类研究可产生偏倚较少的外交谈判编年史。

二、"外交政策的内政导向研究法"。主要对一个国家外交政策的国内根源感兴趣，研究政策制定者在决定外交立场时，面临的社会、经济、政治压力，因而外交事务与国内事务几乎没有区别。

三、"体系研究法"。将外交作为整体国际关系的变化规律来分析，将整个世界视为一个系统，而各个地区被视为子系统，每个子系统都制定自己的游戏规则，限制了国家的选择自由。入江昭提出的 1920 年代"华盛顿会议体系"就是一个范例。

四、"文化史思想史研究路径"。国际关系被视为跨文化关系，政策制定者和公民都是文化的产物，在研究外交事务时，必须将他们的记忆、情感、偏见、心态等考虑在内。由于外交史学家要与多个国家打交道，必须要对所讨论的国家的文化有所了解，此方法有助将外交史的范畴，拓宽到教育交流、传教活动、旅游和技术转让等主题，使历史学家能够探索不同国家在历史差异的基础上共享许多东西的可能性。[①]

此外，西方学界发展出来的"国际史"研究取向，有许多可以借镜的地方。至于全球化高潮期间呼声甚高的"跨国史""全球史"，目前看来似乎过于乐观。

西方社会科学理论潮来潮去，大多隐含西方中心观及普世价值理念，以西方学界研究设定的前提、假设、结论，曲解中国历史以配合其理论的模型，只能参考，切不可迷信。1966年郭廷以面对美国社会科学理论导向的近代中国研究时，即主张："历史研究首求其真，史料第一、史识次之，不必哗众取宠，标新立异，方不致误人。"

现阶段中国外交史主要的课题还是努力建立实证研究的坚实基础，"多国档案对照研究法"仍然是基本的方法与要求，这个方法一方面可提供了各国话语交锋、多元文化对话的场域，突破民族主义书写狭隘观点的限制，参照他国观点将中国与世界结合。另一方面依据档案的实证研究常可指出宏大叙事及政治宣传的不足，凸显过去掌权者对历史话语权的滥用，以及群众之盲从。笔者认为今日之外

[①] Akira Iriye, "What is Diplomatic History," in Juliet Gardiner ed. , *What is History Today?* London: Macmillan, 1988, pp. 139 – 141.

交史研究，常是实证史学与文化史交会之处，既是实证史学之先锋，也可能是实证史学最后的堡垒。

蒋廷黻、郭廷以的学风，在于以兰克的"史料学派"主张为基础，先从史料入手，力求广泛搜集、整理、出版档案，同时注重贯通的大问题。郭廷以与蒋廷黻曾共事清华，对历史宏观理解多所共鸣，蒋氏在抗战初期写出大纲性的《中国近代史》，郭氏对这一本小册子倍极推崇。郭廷以始终践履兰克的"史料学派"主张，坚持不懈地编纂多部史事日志，经过四十多年扎实的史料功夫，艰辛考订排比史事，从史料中提升理论，最后完成《近代中国史纲》，不仅是他"一生学力识力简化表达的一个成品"，[①] 其实也在追步蒋廷黻，寻求对近代史的贯通理解。笔者以为这一个路子，应该是融合史料与史观、中国传统学术之考据与义理、兰克学派之考证与直觉唯心的道路，也应该是治中国外交史的正途大道。

目前中国外交史研究面临的挑战仍然很多，诸如：学术积累不足、史料开放程度不理想、研究观念过时、视野狭隘、与国际关系及国际法缺少交流等等，在在都需要学界同仁群策群力共同克服。

具体而言，笔者认为当前的中国外交史研究的当务之急，仍然是将传统外交史主题做好实证研究，近代中国外交史尚有许多空白荒芜的课题，有待进一步的努力。近年

---

① 《王尔敏先生访问记录》，陈仪深：《郭廷以先生门生故旧忆往录》，第173页。引自戴海斌：《郭廷以与罗家伦、蒋廷黻的早期学术交往》，第19页。

来中国外交档案逐步开放，外国档案使用方便，多国档案对照研究法依然是比较扎实的"求真"基本方法。观念上要超越狭隘民族主义、国耻悲情史观等意识形态的束缚，注意到理解各国观点，平允立论。有了足够多的扎实平允个案研究，讨论外交史大问题时才能有坚实的基础，进而与他国观点对话。

今日距离蒋廷黻开启中国外交史研究已一百年，1931年他揭橥的"历史化中国外交史，学术化中国外交史"理想尚未达成。迄今，中国近代史研究的领头羊可能还是美国"哈佛学派"，欧美新理论层出不穷，国内学界不断跟风引进。同时笔者不时听到东邻学者有"只有日本在研究中国外交史"的说法，心中颇不以为然，但不得不承认他们的研究确实有高明独到之处。

完成基本的"学术化中国外交史"之后，这门学科可望有光明的前景。

四、 建构大国的学问

今日全球步向后西方时代，非西方世界的历史经验与文化价值观越来越受到重视。中国文明悠久，历史记载丰富，近代以来受西方列强欺凌，又能够努力自强逐步崛起成为世界大国，这段屈辱与崛起的经历，必定会成为全球，尤其是非西方世界宝贵的历史经验。见证了近两百年世界外交史的演变，中国可以超越欧美的西方中心、宰制奴役非西方世界的霸权观念，并融合自身经历，深刻体会非西方世界的惨痛历史经验，提出更有号召力的新世界秩序构想。

只有世界大国才可建立真正意义上的外交史（全球史、国际关系理论）。中国外交史研究历经了曲折的发展历程，既接受西方外交史方法、观念，同时融合自身民族主义、革命史观，两条脉络交错而行，近四十年来进一步与全球融合，今日是最有可能可以超越西方外交史框架（威斯特伐利亚体系、西方中心观点），整合东亚，并与穆斯林、印度等非西方文化并肩崛起，共同建构后西方时代世界秩序的国家。

笔者以为当前中国外交史研究，在完成基础的学术化，把实证研究基础夯实之后，可朝几个大方向努力。**首先**，把握东亚兴起的趋势，从东亚本位的角度，超越西方中心观，重新诠释近代东亚的国际秩序。东亚的兴起动摇了西方独特论，将会如同近代西方社会科学解释为何西方独特发展出工业革命、资本主义、民主制度般，带动一波重新诠释东亚文化与近代世界的浪潮。从某种意义上，清洗过去受西方中心观点强烈影响，重建东亚近代史观，会是东亚各国学者必须面对的一大挑战，也是中国外交史研究大有可为的课题。

其次，探讨近代中国与世界融合的过程，将国家交织于全球的尺度中，多注意国家之下、国家之间及全球政治、经济、社会及文化的发展，探讨国家之外的组织、团体、个人、企业等，融入全球的经验。结合中国难能可贵的崛起经验，省思中国与世界的互动历程，必定是人类历史经验一个宝贵的组成部分。笔者认为可朝向"中国与世界史"（History of China in the World）发展，帮助中国更好地融入世界，人类也可以有更平和的未来。

最后，可以加强外交史与相关学科，如：国际法史、国际关系的对话与融合，朝向"近代中国国际关系的理论、法律与历史"（Theory，Law and History of International Relations of Modern China）努力，庶可为中国的崛起及世界和平提供相应的软实力。

笔者甚愿能有机会与同行及下一代的研究者共同努力。

乐 道 文 库

"乐道文库"邀请汉语学界真正一线且有心得、有想法的优秀学人，为年轻人编一套真正有帮助的"什么是……"丛书。文库有共同的目标，但不是教科书，没有固定的撰写形式。作者会在题目范围里自由发挥，各言其志，成一家之言；也会本其多年治学的体会，以深入浅出的文字，告诉你一门学问的意义，所在学门的基本内容，得到分享的研究取向，以及当前的研究现状。这是一套开放的丛书，仍在就可能的题目邀约作者，已定书目如下，由生活·读书·新知三联书店陆续刊行。

王汎森　《历史是扩充心量之学》

马　敏	《什么是博览会史》	朱青生	《什么是艺术史》
王　笛	《什么是微观史》	**刘翠溶**	**《什么是环境史》**
王子今	**《什么是秦汉史》**	孙　江	《什么是社会史》
王邦维	《什么是东方学》	李仁渊	《什么是书籍史》
王明珂	《什么是反思性研究》	李有成	《什么是文学》
方维规	**《什么是概念史》**	李伯重	《什么是经济史》
邓小南	《什么是制度史》	李雪涛	《什么是汉学史》
邢义田	《什么是图像史》	**吴以义**	**《什么是科学史》**

沈卫荣 《什么是语文学》	姚大力 《什么是元史》
张隆溪 **《什么是世界文学》**	夏伯嘉 《什么是世界史》
陆 扬 《什么是政治史》	徐国琦 《什么是共有历史》
陈正国 **《什么是思想史》**	**唐启华** **《什么是外交史》**
陈怀宇 《什么是动物史》	**唐晓峰** **《什么是历史地理学》**
范 可 **《什么是人类学》**	黄东兰 《什么是东洋史》
罗 新 《什么是边缘人群史》	黄宽重 《什么是宋史》
郑振满 《什么是民间历史文献》	常建华 《什么是清史》
赵鼎新 **《什么是社会学》**	**章 清** **《什么是学科知识史》**
荣新江 《什么是敦煌写本学》	梁其姿 《什么是疾病史》
侯旭东 **《什么是日常统治史》**	臧振华 《什么是考古学》

（2025 年 6 月更新，加粗者为已出版）